幸福
文化

成為會賺錢的媽媽

23個適合媽媽賺錢的思維和方法，
打破未知，重啟人生，即使底層出身，
也能實現財富自由

王不煩——著

幸福
文化

孩童時期，懵懂中開始對 "錢" 有了思考

我出生在一個小城鎮，每逢農曆尾號二、六、九的日子，我們老家都會趕集。一到趕集的日子，周邊村莊的人都會肩挑手提各種好吃的東西到市集來，成排擺開，開始喧囂的一天。有的賣自家吃不完的白菜，有的賣山上摘來的竹筍和野果，有人站著吆喝，也有人蹲著吸煙。接著，此起彼伏的討價還價聲把市集的氛圍推向高潮。每當聽到吆喝聲我總是很興奮，有時爸媽會大方地買一份涼粉，端著邊走邊吃，冰冰涼涼的還有一點甜，或者再加上一份糯米甜糕，糯米甜糕的外皮被炸得焦焦脆脆，裡面嫩乎乎還帶著點豆沙的 "肚皮" 露了出來，我總顧不得燙嘴就先朝那兒咬上一口（請原諒我，寫到吃的，總想多寫幾句）。

那個時候小小的我總是很驚訝於這樣一件事情：為什麼在這麼熱鬧和歡樂的日子裡，有的人並不怎麼快樂，他們會藉機互相哭訴、吐槽，激動了還一起比手畫腳：

那個老頭，你剛剛沒看到他把錢緊緊握在手裡，怕我拿到他一分錢……

我那個兒子喲，有什麼出息，去打工幾年了，一分錢沒拿回來，我還得幫他帶孩子……

我女兒現在自己都顧不上，還怎麼能顧得上我呢？所以說呀，女兒不能嫁得太遠啊，沒錢連幫忙跑個腿都不行……

這些對話中總有一個詞頻頻出現，就是“錢”。

我似乎看到了一個現象：人們為了“錢”會焦慮、抱怨、不安。在那段小城歲月裡，關於金錢的思考開始在我小小的腦袋中漸漸滋長。

是的，我成了“快樂的有錢人”

2002 年，我從小鎮來到城市上大學，又窮又沒見識。同學給我介紹了一份家教工作，為了表示感激，我請她吃肯德基，那是我人生第一次進肯德基，並且給她點了我能買得起的最貴的漢堡，可是她咬了兩口就不要了，因為她晚上還要去吃牛排。我當時失落極了。

於是我一次又一次地告訴自己，我這一輩子一定要成為一個富有的人，此生我絕對不要為錢所困。

後來，我開始回顧我的父親與母親的賺錢之路。

我的父親很聰明，是我們村裡的第一批大學生，師範學院畢業後回到了我們家鄉裡做老師。他教書三十幾年，每天早上準點出門，下午準點回家，從不耽誤一天。他善待每個學生和家長，盡職盡責，卻從不願意為了升職加薪去拍任何一個校長的馬屁，也從不刻意去表達自己的功勞。

於是，我的父親成了"鐵打的下屬"，上司換了好幾屆，可是父親的職位和他薪資本裡每個月的進賬一樣，紋絲不動。在他眼裡，每個月能拿點零花錢買買煙、打打牌，在小鎮的日子過得就算體面又舒服了。

我的母親和我的父親完全相反，她是一個思維異常活躍的女性，致力於追求美好的生活。為了讓我的父親發展得更好，她熱絡地聯繫父親的同事，邀請他們來家裡吃飯，而她總是在廚房忙上忙下，還時不時跑出來和大家喝一杯，再替父親美言幾句。

因為父親薪資不高，母親不甘心在家帶孩子，時常出去做點小生意，賣冰棒、賣菜。後來她在父親的指導下學會了攝影，幫父親學校的學生們拍畢業照。我母親異常勤勞，經常白天出去走十幾公里路去拍照，晚上回來沖洗照片，一個晚上也就睡兩三個小時。慢慢地，母親的各項收入總和逐漸超過了父親的薪資。人情來往、存款、建房子……一切都在母親的張羅和精打細算中開展著。慢慢地，我家的日子好一點了，從父母結婚時的一窮二白，到可以供我和弟弟讀書，後來我們家居然能在小鎮上建一間小小的房子 —— 每次存到一點錢，母親就張羅著建一個房間。羅馬不是一天建成的，我家也不是。

母親一邊全力以赴地努力著，一邊也總忍不住抱怨父親。母親始終認為她一輩子的辛苦都歸因於我父親的"不作為"和"不上進"，所以他倆經常因為錢而爭吵。這種情況直到晚年時期因為子女們的發達才慢慢好轉。

父親一生淡泊隨性，母親積極上進，這一度讓我非常糾結和困惑，到底誰對誰錯？彼時的我已進入職場，我又開始觀察身邊的很多人。我遺憾地發現，有些人面對交易時精於算計，但又時不時到寺廟燒香拜佛，頌揚慈悲為懷，甚至到各種禪修營學習打坐，大做慈善和公益活動，似乎只有這樣，他們分裂的人生才能得到短暫的平衡。這種分裂感讓我厭惡，我不得不去思考，還有沒有其他的人生道路？

於是，我嘗試去探尋更多的可能。升職加薪、做副業、投資、創業，每一次嘗試我都無比專注，我努力讓自己變得富有。與此同時，我從未停止思考什麼才是更有愛的商業模式，我不相信商業的面目只是算計。與此同時，我吃齋念佛，研讀國內外各種心理學著作，從未停止尋找內心的那份富足和寧靜。

幸運的是，30 歲出頭的我已經身家過億，擁有一個幸福的家庭，擁有一群共情又共財的朋友，一家經營得不錯的公司，還有一些可自由支配的時間，時不時旅居他鄉，我終於成了夢想成為的"快樂的有錢人"。

成為一個富人，不難；成為一個快樂的窮人，也不難。但成為一個內心快樂豐盈的富人，在財富和快樂中找到平衡，比較難。幸運的是，我找到了。

如果你跟著我的思路走到這裡，那麼恭喜你，你見證了一個小鎮走出來的懵懂孩童，通過不斷追求財富和內心的快樂，逐漸形成自己的財富信念並且成為一個小富婆的成長歷程。

是的，從一個窮人家的孩子到內心富足的富人，我做到了。想知道這一路我是如何升級打怪的，請往下看。

因為淋過雨，
所以立志為 50 萬媽媽撐起傘

2008 年，我讀了大學、碩士研究生之後，又選擇了繼續讀博士，之後受到留學基金資助，我到美國西北大學學習。這長達近 10 年的大學、碩士、博士商科學習經歷，讓我在商業上有了一些比普通人好一點點的理論基礎。

2011 年，我參加工作，隨後用 5 年的時間從普通員工做到了上市公司的高級主管，參與了兩家公司從擬上市到上市的全流程，年薪達百萬（以下皆指人民幣）。我的年齡比同公司高級主管年輕 15 歲，老闆總說我前途無量。直到我辭職那天，老闆一邊不理解，一邊又說："這樣的決策確實比較像你。"

2017 年，我機緣巧合投資了一家公司，這家公司逐步發展成為全網第一的女性自媒體公司。之後，我參與經營，用 7 個月把這家公司估值從 8 億元做到 20 億元，後因經營理念不合，我抽身離開。

2018 年，兩家大公司向我拋來橄欖枝，條件是 400 萬元年薪加上價值 1 億元的股票，但因不甘心"人生只是上班"，我拒絕了看似完美的工作機會。

2019 年，由於商業理論加實戰的成果都不錯，我有幸到商學院、大學 EMBA 班多次分享我的商業認知；之後，我的線上影音課程"王不煩的實用管理學"一夜爆紅，很多人因為這門課程慕名來找我。那時，我總在想，我何德何能啊，心中惴惴不安，生怕自己就沉淪在這名聲在外的光環裡。

這 10 年的時間裡，一切看似很光鮮，而光鮮背後，我從未停止尋找……

直到有一次，我辦了一場下午茶活動，現場來了很多媽媽，甚至有人專門坐飛機從外地過來。很多人分享了她們成為媽媽之後的不容易，突然，我也想起了我在成為媽媽之後的很多無助時刻，那些我從不敢對外談起的時刻（怕影響我專業權威的形象……），就是在那一天，我生平第一次在公眾場合泣不成聲。

孩子出生後，我陷入產後憂鬱，動不動就哭、鬧，甚至一度拿刀對著我老公，脆弱和暴躁輪番折磨著我，讓我活成了最窒息的樣子。

我抱怨老公不關心我，他一上班我就長篇大段發給他訊息鬧離婚，每天他一回家就跟他大吵特吵，導致他完全沒心思上班，最後差點被老闆開除。

我女兒 9 個多月的時候，被查出發展性髖關節發育不良，也就是說，可能以後會成為“瘸子”。我衝出門診室躲到醫院的一個角落，眼淚流個不停，我一邊愧疚我不是一個好媽媽，又一邊委屈，覺得我的家人都是壞人，他們沒有幫到我。

改變女人人生軌跡的不是結婚，而是生孩子。那一天的下午茶，我哭成了淚人，那是我人生第一次當著一群人的面哭（想想我從小就是個"鋼鐵女俠"，長大了可是職場精英呀，哪能在人前暴露自己的脆弱）。

人們常說，幫助別人就是幫助過去的自己。**我自己淋過雨，所以看著這些媽媽們，我就想給她們一把傘**。那一刻我在想：如果我自己的遺憾已成事實，也許我可以讓我的遺憾成為其他媽媽們的幸運。**不就是一個人太難嗎？我幫你扛！不就是沒有錢嗎？我教你賺！**何況碰巧這些我也擅長。

與其研究商業理論，發幾篇國際論文，與其幫幾個企業做諮詢，幫助它們營收過億元，甚至估值幾十億元，都不如靜下心來幫助幾個媽媽，讓一個普通媽媽一個月多賺幾千元、幾萬元，一年多賺幾十萬元，最好能過百萬元，能讓一個普通的家庭變得更好，這樣不是更有價值嗎？這種腳踏實地的感覺讓我極其興奮，我知道，讓我興奮的絕不是一個個數字，而是一個個靈動的生命。如果有成千上萬的生命和家庭因我而變得不同，那該多棒！那一刻，我心安了，我覺得自己完整了，我不想再尋找，我想停下來，安心地做好這一件事情，就這一件事情，足矣。

媽媽安，則天下安；媽媽富，則天下富；媽媽不煩，則天下無煩惱。

這個想法出現之後，我就果斷決定創業了。

2019 年年底，我衝破萬般阻撓創立了"媽媽不煩"，立志搭建全球女性最具影響力的媽媽內容和社交平台，用**"媽媽最懂媽媽，媽媽幫助媽媽"**的理念幫助天下媽媽實現自我價值和美好生活。當然，加入"媽媽不煩"的第一階段就是學商業，好的商業教育不是引發人們盲目追求一夜暴富，而是讓媽媽們扎實地學會一套科學、可複製的商業方法論，包括個人商業模式的設計、落實與執行。這些都是我在商業課程中學過的、企業實戰中應用的商業思維，無非是用我生活化的語言講一遍給媽媽聽，並且搭建一個有愛的團隊陪伴她們落實與執行。

　　對於媽媽這個群體，我傾盡所學試圖尋找適合她們在家就可以賺錢的模式，我尋找適合媽媽個體創業的方式，不是傳統的微商，不用囤貨，而是扎實地用自己的商業頭腦設計自己的產品，或者識別好的專案，獲取用戶完成銷售，建立她們的個人品牌，用她們能夠聽得懂的話語和她們能夠學得會的方式教給她們盡可能多的賺錢方法。我深知，每位媽媽多一個賺錢的門路，每個家庭就多一分生機。

　　未來，我希望助力她們成為一個又一個女性企業家，也希望更多有影響力的商業領袖、各行各業的商業領軍人物從這些普通媽媽中走出來。當然，這一切的背後，絕對不是追求簡單的金錢數字，而是看到她們活得有自信、有尊嚴，成為她們孩子的人生榜樣，有機會成為社會經濟創造中重要的一分子。

幸運的是，社交平台成立到目前為止，累積輔導的女性學員近 50 萬人，課程播放人次超過 1000 萬次。我一個人肯定教不完所有的媽媽，這 50 萬人背後是一雙又一雙女性的手，你推著我，我拉著你：今天老王教會了我，明天我去教會我的閨蜜……因為我們心裡都記著：媽媽最懂媽媽，媽媽幫助媽媽。

人不是生而偉大，而是做了偉大的事情而偉大。

我要做 "媽媽不煩" 一輩子

由於我在商業上累積了理論和實戰成果，加之社交平台持續取得的好成績，越來越多的學員朋友希望我寫一本可複製的幫助女性創富的書，之前我一直回避，總覺得我做得還不夠好。直到 2021 年一件事情的發生，我動心了，我下定決心要寫一本書，哪怕這本書不夠完美我也要寫。

那一天我去大城市講課，一名學員在酒店大廳看到了我，她特別興奮地向我跑來："老王，老王……"她從包裡小心翼翼地拿出一個本子，說："老王，你可不可以在扉頁上給我簽個名？"我看著眼前這個手抄本子，正想感嘆現今還有人願意手寫筆記，太難得了，接著，她的解釋讓我非常感動。原來，她把我課程中講到的觀點全部手抄做成了這個本子，她說，這個本子她總是隨身帶著，每每有難處她就會打開這個本子讀一讀，再想一想，人生就有了繼續前行的力量。

那一瞬間，一股暖流從心底湧向眼睛，身邊的事物漸漸模糊了。我給那個本子拍了張照片，我要把它存在心裡。回到房間，我突然心生內疚：就因為自己的那點顧慮，卻拒絕做這件對媽媽們有益的事情，實在不應該。於是，我決心開始寫書，哪怕不夠完美，我也要寫。

藉這個機會，我深入地回顧、思考、檢討和總結了過去多年的方法論。交稿那一刻，我撫摸著書稿，心裡久久不能平靜，閉上眼睛，腦海裡閃過一幀幀畫面：面對媽媽群體，我前後開了 200 多場直播，採訪了 100 多位女性，做了 120 多次調查研究和梳理工作，搜索了上百個素材庫，用了一年多時間才把素材收集完，用 3 個多月時間打磨十幾遍文字，現在終於成稿了。

在這本書裡，我把過往所有的經歷，和教過的千千萬萬個媽媽賺錢路上經常遇到的問題，都濃縮成文字，**給出了幾乎適用於每個女性的商業技能方案。還針對不同類型媽媽的特徵，**

分享了適合她們的創富思維模型和實戰經驗。只要你的收入比我少點，這本書都非常適合你。不敢說完美，只是有一個願望：希望能幫到你一點點， 讓你少走一點點彎路就好。 如果你通過閱讀和實踐這本書的理念方法而取得了好成績，記得一定要跟我分享這個好消息（我的短影音平台帳號：王不煩來了）； 如果你讀完覺得這本書特別有價值，請把它推薦給你最在乎的閨蜜，願你們有機會共情又共財。

2020 年 6 月，我和我的好友 —— 十點讀書創始人林少吃飯時，他問我："你已經創立社交平台半年了，你確定這是你一生要做的事情？" 我說："確定。"他說："送你四個字 ——一生懸命。"一生懸命，即一生只做一件事。

創立社交平台不久，我就能強烈感受：此時此刻，這件事非我莫屬。世上有很多比我有商業頭腦的人，但絕大多數不願意深耕媽媽這個族群，畢竟這個人群會有些生活上的是是非非，處理問題的難度也大；而其他人又沒有足夠的商業智慧來完成此事。我想，也許這件事情就註定該交給我來做。不管了，那就先做起來吧。能做多久，就做多久，當然最好能做一輩子。等我離開這個世界，如果我的墓碑上可以刻上這樣一句話：這個人曾經幫助過上千萬的媽媽，如此，我便知足。

是的，我要做"媽媽不煩"一輩子。

CONTENTS
目|錄

第 **1** 章

哪些財富卡點
阻礙了你賺錢

第一節

看看你有哪些財富卡點

 請你帶著這些問題閱讀

Q1. 提到賺錢，你的第一反應是什麼？

Q2. 這個反應，如何影響了你現在的財務情況？

Q3. 如果清理了自己的財富卡點，會對你賺錢有什麼幫助？

我從小長在母親身邊，跟著她一起做過很多賺錢的工作，

夏天去學校門口賣冰棒，冬天到市集上賣木頭燒製成的炭，一大早就把一簍一簍的東西往市集裡背，晚上再把空簍背回家。每次到家後，母親就會從荷包裡掏出所有的錢撒在床上，我們倆一張一張撫平、疊在一起，數了又數，還互相核對對方手裡的數目……至今都忘不了數錢的欣喜。我和母親像大主管一樣分配和統籌著數錢任務，遊刃有餘中透著一股指點江山的豪氣。從小我就知道賺錢有多麼重要，家裡有一個會賺錢的媽媽是一件多麼讓人心安的事情。

後來因為創辦社交平台，我接觸到了很多母親，她們不斷告訴我學東西就是為了能賺到錢、沒有錢的生活太難堪……我總是時不時為她們和她們的孩子擔心。

有人跟我說：

有一天，我母親突然生病了，而且病得有點嚴重，治療需要一大筆費用。這時候我發現，家裡的親戚們開始躲著我，就怕我找他們借錢，我不得不四處奔走湊錢，不斷碰壁，嘗盡人情冷暖。我看了看自己卡上的餘額，真的再多一點的錢都掏不出來了。

有人跟我說：

有一天，孩子放學回家看起來悶悶不樂，我問孩子怎麼了，她仰起天真的臉跟我說："媽媽，我們班同學暑假爸爸媽媽都帶他們去外面旅遊了，我好羨慕噢，為什麼我們家從來不去旅遊呢？"我突然發現，隨著孩子的長大，我的窮已經無法掩飾了。

有人跟我說：

做了全職媽媽之後，想要多給孩子報個自己覺得對他成長非常有幫助的輔導班，跟老公商量的時候，他卻皺起了眉頭："前幾天不是剛給過你錢嗎？怎麼又要？怎麼花錢就這麼大手大腳的？"我才意識到，沒有收入，總覺得底氣不足。

當我慢慢走近媽媽群體，我越來越深刻地認識到：賺錢重要，讓媽媽們賺到錢更重要。做媽媽本就很難，做一個既會照顧家庭又能賺錢的媽媽難上加難。很多媽媽在賺錢這個事情上一直在走彎路，學了很多：家庭教育、心理學、會計……也做了很多工作：咖啡廳、甜品店、花店、書店……可是最終能真正賺到錢的，又能有幾個？

後來，我開始用幫企業做諮詢的經驗幫助身邊的媽媽賺錢，教她們識別好的項目，幫助她們建構自己的商業模式、設計產品、獲取使用者、銷售等，發現媽媽們缺什麼我就教什麼……但是，我卻發現一個矛盾的現象：很多人學會了方法，她們也很渴望增加收入，可是真正開始實踐的時候她們總是顧慮重重、猶豫不前。

到底是什麼卡住了她們呢？於是，我深度採訪了很多媽媽，發現了一個有趣的現象：很多人的財富思維已經固化了，她們的內心深處並不真正認可財富的價值和意義。這點是真的。每個人都需要金錢，但不是每個人都愛錢，不是每個人都發自內心地渴望去創造更多財富。她們或是害怕財富，或是厭惡財富，或是恐懼這個奮鬥的過程。總之，她們似乎自帶財富卡點，而很多人並不自知自己自帶卡點。這些卡點或是在她們小時候被種植的，或是在成長過程中被誤導的，牢牢地綁住了她們，讓她們限制自我、難以突破。

所有外在呈現，都是我們內在認知的投射。擁有財富是一種外在呈現，是內在的原因結出的果，我們要從內在去解決財富信念的問題。

人們對財富的限制性意識往往都是不自知的。俗話說，一方水土養育一方人，正是由於我們一出生就在這個環境，不僅是家庭、家族，還包括大家所處的地域，都可能使人存在“集體意識障礙”。這些限制性意識就像出廠設置一樣，在我們不知情或者未同意的情況下就裝載在我們腦子裡。如果我們一輩子都沒有去過其他地方，沒有看過別人不同的活法、跟別人就某些話題有過深刻的交談；我們會認為所生活的地方就是世界的全部，所看到的選擇就是全部選擇，父母老師跟我們說的觀點就是真理。深陷其中的我們是沒有能力去思考、推敲、質疑，甚至推翻這些的。這些限制性意識深植於我們的潛意識，它們不斷生根發芽，阻礙著我們對外在財富獲取的意願。

如果沒有見過千百種人生，就無法真正看清自己腳下的路。這兩節，我梳理了我觀察到的幾種財富卡點，看看你是否也曾被這些卡點困擾過？

· 誤區 1 ·

大富大貴就會大起大落

我的團隊裡有位女孩叫小天，她聰明且富有才華，名校畢業且曾經在知名的互聯網公司任要職。有一次和她聊起財富密碼的話題，她的想法頓時讓我有了興趣。原來小天還有位名牌大學畢業的博士生妹妹，她們姐妹倆都有一個困惑，那就是：學這一身本領該用來做什麼？去賺錢，心裡並不情願，甚至害怕賺太多的錢，可是不去工作，這一肚子學問難道白學了？

我非常驚訝地追問："你為什麼會害怕獲得財富呢？"

在交談中，我們一起漸漸釐清了原因：原來她奶奶的父親當年在村子裡面算是富甲一方，但正是這個"地主"的身份，給他們家族帶來了很多麻煩和痛苦。從此以後，他們家人一直覺得"錢是萬惡之源"，大富大貴容易大起大落，身邊發生的一切都正在或終將驗證"財富帶來的未必是好事"這個祖訓。慢慢地，家人就不再鼓勵後代去追求和擁有更多的財富了。

當小天講到自己的故事時，我想起了曾經叱吒商界的首富鋃鐺入獄後，全國上下鋪天蓋地的那片噓唏聲："看吧，有錢人沒幾個有好下場"、"我就說早晚會有這一天，太有錢必會有大災難"……很多人自認為站在了智慧的一方，用悲觀的心態把擁有財富和災難的降臨建立起關聯，甚至視金錢為萬惡之源，呼籲人們遠離財富，平平淡淡才是真。

如同古希臘的戲劇家索福克勒斯在他那部有名的《安提戈涅》中對金錢詛咒道："人間再沒有像金錢這樣壞的東西到處

流竄。這東西可以使城邦毀滅，使人被趕出家鄉，把善良人教壞，使他們走上邪路做出可恥的事。甚至叫人為非作歹，犯下種種罪行。"可是事實上，金錢哪分善惡，是操縱金錢的人心分善惡罷了。世界上從來沒有一種制裁金錢的法律，沒有一個關押金錢的監獄。

追求財富的過程，會激發你的天賦還是扭曲你的天賦？在這個過程中，你看到了一個更真實的世界，還是一個更虛偽的世界？你變成了一個更有智慧的自己，還是更差的自己？答案無疑都是正面的。

我希望通過自己的經歷跟你們分享一個觀點：財富是人生中特別好的研究課題，研究好這個課題，每一位女性都能變成最好的自己。

一個女人在追求財富的過程中，需要學技能、懂談判、有智商、有情商，需要有目標意識、有時間管理與計畫能力，需要懂溝通、會協作，還需要做能量管理，不被情緒掌控，懂得通過情緒發揮正面影響力……這些都是提升能力和獲取結果的關鍵點，也是實現個人成長的過程。

在小說《道林·格雷的畫像》中，作者王爾德風趣地寫道："在我年輕的時候曾經以為金錢是世界上最重要的東西，現在我老了，才發現確實如此。"我們永遠都不該因噎廢食，因自己家族的歷史故事而對財富心生畏懼，讓其成為我們追求財富路上的卡點。

誤區 2

太多財富會讓家庭分崩離析

我有一個很會賺錢的朋友，他曾經是某電商公司的 CEO，一年為這家公司賺了 2 億多元。他手握流量密碼，又協助營運著另一家自媒體公司。他出過書，年銷量過萬冊；他開過課程，兩天賺到學費幾萬元……幾乎他協助營運的每一家公司，都能賺到錢。

軍人家庭出身的他還非常自律，每天 5 點鐘起床運動，工作到深夜 1 點，一天只睡 4 個小時仍然精力旺盛。他平時還會陪家人一起爬山、做家務，朋友圈裡總是妻兒的照片，把家庭關係處理得很好。

當他決定創業時，所有人都認為他一定能夠賺大錢。沒料到，各方面條件如此優越的他連續四五年都沒有取得好的成果。

於是我們都在討論他到底哪裡出現了問題。在一次進行財富等級的冥想後，深植他內心的癥結最終浮出了水面。

他說：「當我想到如果我擁有 1000 萬元，我是能看到畫面的。我完全能夠把一切都規劃得很好，可是一想到我要是有 5000 萬元，我就害怕了。我要是有那麼多的錢，我的兩個兒子還能用心讀書嗎？變成‘廢材’怎麼辦？我的老婆也不會像現在這樣賢慧地照顧家庭和孩子了，老公都有那麼多錢了，她肯定會只顧個人享受，沉迷名利，變成我不喜歡的那種女人，最後和我分這 5000 萬元……我的家庭不就會分崩離析嗎，那樣我幾乎失去一切！」

你看，沒有人會想到他竟然在財富等級上出現卡點，5000 萬元成了他的天花板，這就解釋了為何他自己做公司如此坎坷。

「那是不是你的家庭中關於財富的觀念有問題？」我接著問。

原來，身為軍人的父母從小就對他各方面嚴格要求，還教育他「不要把錢看得太重，不要把路走偏」，長大後他賺到了比同齡人多的錢時，他的爸媽還經常拿有錢人家兄弟反目、妻離子散的負面案例來敲打他。著名“家庭治療大師”薩提亞曾說：「一個人和他的原生家庭有著千絲萬縷的聯繫，這種聯繫將會影響人一生。」果然，每個人的每個觀念的形成，都可以追溯到原生家庭。

通常，少部分知識份子的家庭，或者是道德感和價值感比較高的家庭，會有一些無意識的信念，認為錢是比較低下的，是會讓人羞恥的，所以這些家庭出身的人，更可能對錢抱持這種無意識態度，財富在他們眼裡不是朋友，甚至是敵人。而這就悄然成了他們的財富卡點。

可是環顧四周，有錢的家庭真的會分崩離析嗎？富二代就一定會墮落嗎？

電商"拼多多"的創始人黃崢說，他從董事長位置上退下來後，回去做了農業科學研究。即使成不了科學家，但也許有機會成為未來的科學家的助理。財富可以讓他探索更有意義的人生。

於我而言，我 30 歲出頭完成的財富累積，足夠讓我的父母、公婆住在同一個社區，這樣週末就可以一次探望 4 個老人。我還可以帶他們去大理避暑，可以輕鬆解決他們的養老、醫療等問題。我的女兒朵拉，比我兒時幸運太多，她可以上我小時候都不敢想也不會去想的畫畫、跳舞、鋼琴課，她可以選擇去做任何她喜歡的、有意義的事，我也有信心讓她無須為了錢財去做任何出賣時間和尊嚴的工作或事情。這何嘗不是一種借力財富而帶來的幸福生活呢？

當女人有了錢，男人會不開心的

在我的網路平台帳號"王不煩來了"直播間裡，我和大家互動時，還發現很多女性對財富有著根深蒂固的恐懼感，那就是"擔心自己有錢了，老公會不開心的"。甚至有時會收斂自己的鋒芒，擔心自己的強大會引發老公的自卑，於是在很多時候主動或被迫放棄了提升自我價值的機會。

關於這一點，以下三個場景你們來看看有沒有很熟悉：

"我去婚介所，紅娘說要弱化我有房這個事實，不然男生會有壓力……朋友們也說他們身邊的男生不敢介紹給我，因為他們的薪資都比我低……賺那麼多錢幹什麼，現在連對象都找不到了。"

"我媽經常說嫁漢嫁漢，穿衣吃飯。所以我老公賺多少我就花多少，我不會總想著自己賺錢，賺錢是男人的事情，女人帶好孩子就好了。"

"凡是我們家的事情我主動決定多一些，我老公就覺得我強勢。我想跟他分享別人賺錢有多厲害、我們也要更優秀之類的，他都覺得我是在針對他，好像我變優秀是一件讓他有壓力的事情，也許我不應該那麼上進。"

一看就知道這些觀念是有問題的，對不對？但現實生活中，很多夫妻正在以這樣的方式相處，很多女性正在面臨著"高收入如何保持低調"的問題。曾經有一個學員告訴我，她上了商業課後，直播賣貨賺了 30 萬元，但她不敢告訴她先生，怕她先生有壓力。

現如今，女性的強大，確實正在引發一些男性對自己性別角色的深度思考。正如美國政治學家沃倫·法雷爾在《男孩危機》中說的：

過往的男性，靠體力優勢和男權框架取得社會地位和自信，通過男主外女主內搭建穩定的家庭。但是，全球化帶來的產業轉移，體力勞動被機器人取代，女性主義的興起又讓被捆綁已久的女性不斷挑戰男權主導的結構。越來越多女性在職場上實現自我，於是女性成為智慧的母親，家庭和職場左右開弓，男性則失去職業優勢，在家中也笨手笨腳。從思想意識上，越來越多的女性掙脫了性別刻板印象的束縛，而大部分男性依然活在曾經的性別框架中。想法和現實的落差，讓男孩的成長充滿挫敗和壓抑。

女性讀到這段話可能會拍手叫好，看，我們女性太能幹了。

我認為，不正當的男權主義不僅是對女性的歧視，於男性而言，這也何嘗不是一種捆綁、壓迫和剝奪呢？一個學員說，她的先生在家突然暈倒，被送醫院後診斷為"重度憂鬱症"。深究之後她才知道，原來他因公司業績不好，終日擔心中年失業，失眠竟長達一年多時間，卻從未告訴創業失敗的她。看似家中風平浪靜，其實是她的先生在負重前行。

性別平等不是簡單地讓女性敢於追求自我，而是要大膽地接受男性地位重新定義的可能性。女性可以出門賺錢，男性也可以適當回歸家庭，性別平等應該是對男女兩性的解放。

當女性得以獨立、男性得以鬆綁，當我們無論男女都不再被簡單粗暴地要求扮演某一種固化的社會形象，都不再為永遠無法完美達到某種特定的社會角色期待而痛苦和自責時，我們都是這場運動的贏家。解放女性，解放男性，本就是同一件事情，都是否認和砸碎"性別"這個個體枷鎖。

願每個讀到這裡的女性都可以對自己說一句："追求自我價值，與性別無關。"無論是男性還是女性，我們都應該勇於追求真實的自己，成為自己想成為的樣子。

財富與才華不可兼得

　　一些有才華的人覺得凡事談錢就傷了自己的那份 "高雅"，就不 "純粹" 了。在他們看來，放棄財富守住自己專業或者愛好基本的品格，是一種至高無上的、有節操的人的作風，他們的潛意識也時常在幫助他們保持這樣的品格。比如一旦為了金錢去做自己的產品、去銷售，就感覺變味了，因此他們寧可放棄一些可以提升銷量的合作機會，以避免自己庸俗化。萬一 "不幸" 賺到了錢，甚至會難以心安，還搞什麼擴大經營，趕緊把錢捐出去。

　　我身邊就有一位這樣的專業人士。

　　她是一位非常優秀的瑜伽教練，早在十幾年前就登上了紐約時代廣場上的納斯達克廣告大螢幕，登上 "世界第一螢幕" 代表的意義已經遠遠超出商業層面，是無數人夢寐以求的榮耀。但就是這樣水平的瑜伽教練，她的收入卻遠沒有我們所想像的那樣光鮮。因為一旦說到錢，她總是有點不好意思。不僅僅是她，很多瑜伽老師都是如此。

　　曾經我建議她把瑜伽課程線上化，她和她的先生對此憂心忡忡，他們擔心瑜伽的專業屬性會被弱化，還擔心大規模地宣傳會失去瑜伽專業的純粹性，總想等到真正桃李滿天下再開始商業化運作。

聽他倆一番解釋後我急得不得了。經過我幫他們透徹的分析——從商業思維到行銷手段，從品牌到商業模式，各個角度絞盡腦汁輪番建議後，他們終於走到了線上，開始做直播、拍短影片，大量地曝光和經營個人品牌，終於，她的影響力和財富也與日俱增。

後來，她在我的課堂上說了這樣一句話："只要能讓瑜伽幫助到更多的人，就是我應該做的事情，而賺錢只是順便的。"我深知她改變了。

英國哲學家羅素有句話我很喜歡，他說："三種質樸但強烈的情感主宰著我的一生，那就是對於愛的渴望、對於知識的追求，以及對於人類的苦難難以遏制的憐憫。"

如果一個人擁有才華，卻只用來孤芳自賞，從未用於解決人類大眾的疾苦、傳遞愛和知識，這是不是對自己才華的一種浪費呢？當你把才華用在需要且適合的地方，那你可能會幫助到更多的人，給更多人帶來機會，也能讓自己擁有越來越豐盛的人生。

本節小結論

1. 能不能賺錢首先是由人內在的信念決定的，但這往往是
   無意識的。

2. 在學習賺錢的技術之前，要先覺察自己是否有財富卡
   點。

3. 如果發現自己有財富卡點，那麼就去覺察並扭轉它。

你對金錢和財富是什麼看法？

1 請評估一下你對於金錢的看法。在下面勾選出符合你的想法和情況的句子。

☐ 金錢使人幸福

☐ 金錢散發銅臭味

☐ 我花錢如流水

☐ 金錢敗壞人性

☐ 我得到金錢，就有人失去金錢

☐ 冷酷無情才能得到很多的錢

☐ 金錢使人目空一切、驕傲自大

☐ 只有存錢，才能變得富有

☐ 窮人才能進天堂

☐ 金錢是衡量我成功與否的尺規

☐ 富有使我失去很多生活樂趣

☐ 金錢使人感覺舒適

☐ 金錢給人力量

☐ 有錢人都很孤獨

☐ 有錢人沒有真正的朋友

☐ 錢生不帶來死不帶去

□ 金錢的獲得是以犧牲健康為代價的

□ 我安於現狀

□ 如果我願意，我也能變得富有，但是我不想這麼做

□ 一切都是命中註定的

□ 貧窮是可悲的、失敗的

□ 知足者常樂

□ 努力、辛苦、犧牲才能賺到很多錢

□ 男人有錢就變壞，女人變壞就有錢

□ 有錢是危險的

□ 把錢花在別人身上，比花在自己身上更容易

□ 對別人開口要錢是不可以的

□ 有錢就要牢牢抓住

□ 有錢就要趕緊花掉

□ 太多錢會使我墮落

□ 我和財富是好朋友，我們彼此吸引

2 請在橫線上寫下你所勾選的選項對應的原因：你為什麼會這麼想？你認為你的看法是正面的還是負面的？它們阻礙了你追求財富還是幫助了你追求財富？

例如：1.金錢使人幸福。因為小時候我們家每賺到一些錢，爸爸和媽媽就會往家裡添置一些新傢俱和別人家還沒有的電器，還給我們家建了一棟每個人都有獨立房間的房子，金錢

使我們家物質條件越來越好，我們的生活也越來越幸福。我認為我的看法是正面的，並且這種財富信念使我在追求財富的路上比其他人更積極，更有動力，獲得的成果比別人更大。

第二節

不賺錢的幾類人裡，
你是哪一類

 請你帶著這些問題閱讀

Q1. 結合自己的經歷，想想自己屬於哪種類型的人？

Q2. 什麼樣的財富觀導致了自己成為目前的財富類型？

Q3. 如果屬於以下不賺錢的類型，怎麼做有助於自己賺錢呢？

前面我講的是很多女性在追求財富路上存在的幾大誤區，除了這些財富卡點之外，還有一種很重要且最普遍的問題在阻礙著人們獲得成果，那就是對財富的目標感。

　　不知道你有沒有發現，身邊的人對追求財富的目標感有很大的區別？

　　有人慢慢悠悠的，覺得是自己的終究是自己的，不是自己的爭取也爭取不來，什麼目標、計畫，都跟自己沒有關係，還不如躺平。有人覺得能否賺錢取決於外部因素，於是總在等待一個好商機、好的合作夥伴、好的投資機會，等來等去，卻發現想要的遲遲不來，最後也就只能躺平了。

　　當然，也有人善於給自己制定目標和計畫，並拆解目標一步步完成計畫，做任何事情都基於自己的一套方法一一實現自己每個階段的目標，最終成了人生贏家。

　　這兩種人的區別就在於目標感強弱。目標感強的人在賺錢這件事情上取得的成績都不會太差，而沒有目標感的人往往很難賺到錢。如果你認為自己是目標感不強的人，下面我將詳細分析典型缺少目標感的幾大類型，不妨看看你屬於哪一類。

隨遇而安型

這種類型的人不太主動追求財富，他們通常會認為有錢沒錢都看命，這輩子能賺多少錢，主要取決於天命。或者說，他們會認為有錢沒錢日子都可以過，擁有財富不是生活幸福的一個必要條件。

有位富翁曾說："我一直讓自己的收入滿足自己的需要，相反，許多人喜歡調整需要來適應收入。"隨遇而安型剛好屬於後者。

如果你問他："你能賺 1000 萬元嗎？"他說：

"萬一運氣好也可以的。"你問他："你就只能賺 100 萬元嗎？"他說："運氣不好，算了，就這樣吧。"

我見過很多這種類型的人，其中這位男生比較典型，我們暫且稱他為"通靈王"吧（因為他最喜歡看這部動漫了）。

"通靈王"天資很好，小時候學習成績名列前茅，可是他卻從不把成績放在心上，考試不及格也無所謂（主要是因為他有一對"心很大"的爸媽）。有一次，一個女同學指著他 69 分的考卷嘲笑：“咦，還說你聰明，你的物理也不怎麼樣嘛！”自那次以後，他沒讓物理低過 90 分。

他數學成績也特別好，每次都會被選中參加奧林匹克數學比賽，但令老師納悶的是：參加那麼多比賽怎麼也沒拿幾次名次呢？原來，他只興奮於跟高手過招，覺得結果不重要。

從某名校畢業後他順利進入國企工作。有位師兄拉攏他一起創業，他想都沒想辭了國企的工作就去了。做了一年，薪資只發了 1000 元他也沒意見。三四年後，公司垮了。之後又有朋友拉攏他二次創業，沒幾年公司經營出現問題又破產了。

在意氣風發的年齡連連受挫，旁人都替他高才生的身分感到惋惜。然而，他可沒覺得自己慘，錢沒賺到什麼也不耽誤，不僅結了婚，孩子還生了兩個，該吃就吃該喝就喝，買不起房就租房，有多少錢就過什麼樣的日子。

他就像一隻漂在河上的船，若是遇到激流，那就揚帆乘浪而下，若是流到平緩的地帶，他就靜靜待在某個角落，隨遇而安。

他回憶起從小爸媽對他的教育，打了這個比方：“他們就跟動漫《瘋狂動物城》裡的兔爸、兔媽那樣，認為賣胡蘿蔔也可以改變世界。”

對於小時候喜歡看的動畫片《通靈王》，他就記住了一句話“船到橋頭自然直”。他不爭不搶，覺得一切皆有定數。

這類人身上最明顯的特質就是沒有目標和野心、隨遇而安，調動不了熱情和動力，因為目標能夠促進行動，沒有目標驅動，人自然很難有行動。被動等待的人生就只能靠運氣取勝，但運氣不總是會到來。與其被動等待，不如主動爭取，主動的人生才更有力量。

• 類型 2 •

財富絕緣體型

這種類型的人總覺得自己運氣很差，他們不是在可憐自己，就是在抱怨他人。人偶爾失落是非常正常的，但是財富絕緣體型的人不是一時的失落，而是一世的失落，似乎他們走到哪裡都是失敗的。他們堅信，做任何事情都是別人不給力、不配合等導致了自己的失敗。我有一位表哥就是財富絕緣體型的典型代表，我眼睜睜地看著他荒廢了大半輩子。

我的表哥長得很帥，能言善道，待人接物也很大方，小時候總是被我的家人誇讚："長大肯定會有大出息，是個做老闆的料。"

他學習成績不好，很早就去廣東打工賺錢。因為顏值與口才加持，很快就得到了一份這樣的工作 —— 幫廣東本地的一個老闆開車。就在大家以為他跟著大老闆做事肯定會有大好前途時，他卻放棄了這份美差。因為他覺得老闆分錢不大方就憤憤離開了，此後逢人就說廣東的老闆有多小氣。

巧合的是，在多年後的一次閒談中，他發現曾經在廣東認識的一個朋友賺到了大錢，打聽後才知道：這個朋友當初在和我表哥閒聊的過程中，得知廣東大老闆賺錢的方法就用心記下，後來自己開了工廠，賺到了人生第一桶金。在那個擺個地攤都能賺到錢的 20 世紀 90 年代，很多人乘著開放的經濟浪潮，在廣東賺得荷包滿滿。而我表哥只是用抱怨終結了這一段離財富最近的經歷。

從廣東回老家後，表哥娶了一個廚藝非常好還很勤快的老婆。他們拿出所有積蓄開了一家餐廳，不幸的是餐廳最後倒閉了，積蓄也全賠了進去。有人問起他，他只會怪周邊來店的食客都太摳門，給不了太多的錢，又總是要大分量的飯菜，卻沒想過是自己選址有問題、成本核算能力不夠、餐廳定位不清晰等原因。

後來，他找了一份保安的工作，執勤的時候睡覺被保安隊長發現，被開除了。照他的話說："都怪那天運氣太差，隊長也太不講情面，就這麼把我開除掉了。"兒子不愛讀書，早早地也出來打工，對此他總是非常生氣，抱怨兒子不懂事，可是他忘了自己一直沉迷於牌桌，從未好好輔導過孩子一次家庭作業。

他真的是財富絕緣的"高手"，每次對生活的抱怨背後，我都能看得到他的不作為。表哥這類人在通往財富的路上就像是"潛意識溺水"，抱怨、吐槽是他們的生活常態，他們總是活在溺水中，並未發現自己從未認真對待過財富，只是認為人生不幸，都是別人的過錯導致的，從來不會理性檢討，做任何事情都很難賺到錢，好像天生與財富絕緣。

· 類型 3 ·
不斷嘗鮮型

這類人也可以稱為"弄潮兒"，他們在賺錢的路上最明顯的特質就是目標不連續。他們會做很多新鮮的嘗試，每次你見到他們的時候，他們都會神采奕奕地告訴你自己現在做的是一個多麼好的事情，感覺他們馬上就要賺到大錢了，可是過了一段時間你會發現這個事情已經退燒了。

他們總是急於學習各種新技巧，捕捉各種新潮流，打聽各種新消息，每個時間點看到他們，他們都幹勁十足、充滿了希望，但就是沒有賺到錢，就像一個"弄潮兒"，也像一個永遠在浪尖上的衝浪者，最終回到了家卻總是兩手空空。

我在讀研究生的時候，一個很要好的朋友講了她弟弟的故事，他簡直就是這個財富類型的典型代表。

她弟弟在大二那年迷上了寫小說，據說為了實現"小說夢"，他不上課、不參加考試，甚至拒絕跟同學來往，就怕耽誤時間。結果小說寫到一半時難產，最後無疾而終。

後來，他又迷戀上汽車，無心學習的他乾脆從大學退了學，在家裡的安排下去了汽車銷售店學汽車保養。剛開始他很興奮，立志一定要開一家自己的汽車銷售店，要買下那些豪車。堅持了不到一年，覺得日復一日的工作跟他想的完全不同，很沒趣又不賺錢，他又果斷離開了。

從汽車銷售店出來後，看到有人做淘寶店賺了錢，又一頭栽進電商裡。自己開了一個店鋪，想要賣自己用一些零件拼接成的工藝汽車、動物等小物件。可是因為手藝不精，品質沒有保障，買過一次的人都不會再買第二次了，又因為不會做廣告，店鋪疏於管理，這事也就慢慢結束了。

再後來幾乎就是每半年，甚至不到三個月就換一份工作，做得開心就做久一點，不開心就不做。現在的他，32 歲，看似嘗試過很多事情，實則卻一事無成，最終淪為一個最普通的工人。

瞭解了這個財富類型，請你細心觀察身邊的人，當然也包括你自己：你是不是善於雄心勃勃地樹立目標？是不是善於制訂充滿希望的計畫？而這些目標和計畫總是稀里糊塗地被新目標和新計畫代替？

高瓴商業集團創始人張磊先生在《價值》一書中寫道："於個人而言，長期主義是一種清醒，幫助人們建立理性的認知框架，不受短期誘惑和繁雜雜訊的影響。"當然，弄潮兒往往不能意識到，自己身上存在的問題就是沒有連續性的目標、不夠專注、缺乏長期主義，甚至他們會以總能瞭解最時尚的資訊而感到驕傲。

以上三類人的共同問題正是缺乏財富目標感，隨遇而安型覺得自己人生不需要目標；財富絕緣型認為自己的目標實現不了都是別人造成的；而弄潮兒則沒有連續的目標，每個目標都只是圖一時之快。而真正可以創造財富的人則是一個長期主義者，有連續的目標，不求一夜暴富，但主動追求的每一步都有成果，且他們會無比忠誠於自己的目標，說一不二，說到做到。

如果你不幸身在其中，請思考：如何調整自己的財富觀才能改變現狀。如果你不屬於以上三種類型或三種類型的結合，請把你追求財富的經歷，或財富觀形成的心路歷程寫下來，相信我，你會在梳理中掃清財富自由之路上最深層的障礙。

$ 本節小結論

1. 隨遇而安型的人不賺錢的原因，在於消極，失去了主動創造財富的內驅力。

2. 財富絕緣體型的人不賺錢的原因，在於抱怨環境，從來不會理性檢討。

3. 不斷嘗鮮型的人不賺錢的原因，在於不斷更換賽道，淺嘗輒止，沒有深耕和累積。

第 **2** 章

出發前，先種下
正確的財富種子

不是成功才會快樂，
而是快樂才能成功

 請你帶著這些問題閱讀

Q1. 當想到賺錢，你會有怎樣的下意識反應？

Q2. 看看周圍的人，有多少人可以做到快樂地賺錢？

Q3. 想想怎樣才能做到快樂地賺錢？

曾經，我接到好多學員給我發來的私信求助，她們說：

"我現在負債累累，我怎麼快樂得起來？"

"我現在疲於應付工作和家庭，快樂好像離我太遠了。"

"我現在的生活並不是我結婚前想要的生活，我如何才能快樂？"

我總會跟她們強調這個單純的道理：負債也要快樂！每天愁眉苦臉並不能給人生帶來什麼變化，快樂才會帶來成功的可能。丹尼爾‧利伯曼在《貪婪的多巴胺》一書中說，"多巴胺驅動了努力。努力可能受到其他很多因素的影響，但如果沒有多巴胺，努力從一開始就根本不會存在"。

而我呢，無論是夜深人靜時獨自品味靜謐流淌的夜色，回顧自己一路跌跌撞撞的 30 餘年，還是與摯友暢快談論起那些年的奮鬥史，我都得出一個相同的結論："快樂"是我的財富自由之路上一大重要的因素。這一章，我希望給你們種下的第一顆財富種子，就是正確看待快樂與成功的關係。相信我，快樂會為你打開一個全新的世界。

2014 年，在國內的大學和美國西北大學聯合培養之下，我順利博士畢業。理論上的精進完成之後，我開始進入實戰領域。我用 5 年時間從初入職場的小白打拼到了上市公司高級主管。2017 年，我投資一家公司，操盤了全網第一的女性網站，並且用 7 個月讓這家公司估值從 8 億元到了 20 億元。2018 年，兩家大公司向我拋來橄欖枝，400 萬元年薪加價值 1 億元的股票。2019 年，我創立網路社交平台，迄今為止已經為 50 萬女性做過商業思維輔導。

很多對我的這些經歷有所瞭解的人在見到我本人之後，總是意外於我和他們想像中的形象有著極大的反差。在他們的想象中，我應該是一個爭分奪秒的女強人，我這麼忙，還應該是一個可憐的女強人。我的婚姻不會太幸福，畢竟我可能沒時間經營家庭；我在員工面前肯定像個"女魔頭"，嚴格要求自己和他人，當然我的著裝也應該非常精緻。

很遺憾的是，走進我的生活，你見到的是一個鬆弛的、笑聲爽朗的甚至是有點任性的傻大妞，穿著也總是很隨意，拖鞋、運動鞋，總之你很少能看到我穿高跟鞋。記得有一次，一位化妝師到公司幫即將要講課的我做造型，問我想要化成什麼風格。我的小同事們紛紛給出建議："化出貴氣，要一看就是有錢人"、"走優雅風，我們可是知性女博士"……結果我說："我要化出自由感。"化妝師聽後當場蒙掉，"自由感"是個什麼東西，沒化過啊！接著我補充道："應該是比較真實的感覺吧，能夠讓人感覺很舒服，當然，最重要的是要讓我自己舒服。"

生活中，我其實就是這樣的一個人，貪吃、愛玩，走到哪都有笑聲，任何場合我都願意以真實的一面示人。我堅信，只有讓自己先感到舒適和快樂，我才能夠走出門去改變世界。

頂尖人物集團（New Leaders Group） 歷經 3 年，訪問了全球企業管理、心理學、領導力與腦神經學領域的專家，調查研究了 100 多家企業共計 24346 名員工之後，從 3576 項完整有效的資料中發現，既快樂又成功的人是存在的，但占比較小，只有 15.6%。很榮幸，我是其中一個。我也特別願意在這一節把我對成功與快樂的理解分享給大家。

不是成功才會快樂，而是快樂才能成功

先問你幾個問題：你覺得快樂與成功究竟是怎樣的關係？是兩者不能兼顧，只能選其一，還是兩者是因果關係？

我相信很多人都聽說過這樣一個觀點：人必須有錢才能快樂。只有成功，才會擁有快樂，也才能真正快樂起來，似乎這已經成了這個社會多數人的信念。很多人會默認快樂是一種獎勵，我必須取得了怎樣的成就我才有資格感受到快樂，我必須得到了什麼，我才能感覺到快樂，但事實並不是如此。

在哈佛一項幸福學的研究中，研究者通過調查 1600 名哈佛大學生得出結論：當一個人把自己調整成快樂的狀態之後，他的財富指數就會發生很大變化。還有一項針對全球四大會計師事務所的 2000 多名管理人員的研究也表明，如果一個人一整天的快樂指數都很高，那他這一天的工作效率也會很高，這個人的薪資也相對較高。同時，哈佛大學在一項涉及全球 275000 人、200 多項子課題的研究中發現，在工作、健康、友誼、社交、創造力和活力等幾乎所有方面，快樂都可以帶來成功。

以上研究成果無一例外都證明了，不是我們成功了就會快樂，而是快樂了才更有機會成功。從本質上來說，快樂已經不僅僅是一種情緒，更是一種競爭力，讓我們獲得財富的競爭力。

對於這一點，我是堅定的支持者和踐行者。

我們的社交平台在創業第一年公司的營收超過 2000 萬元，你一定以為我們是一個氛圍很緊張、節奏快得像打仗的大公司，其實不然。我們創業第一年只有 7 個人，至今團隊的人數也不到百人。能夠真正做到"小團隊，大業績"的秘訣，我想就是快樂！在我們的社交平台，快樂的因數無處不在。

我們工作的時候，常常因為一個笑話，笑聲響徹整個辦公樓層。學員來找我們玩的時候，不用打聽，一出電梯笑聲最多的那一家肯定就是我們公司。我們公司有一個小夥伴叫季米粒，她的笑聲、打電話聲一度被我們辦公區的鄰居們多次投訴。HR接到電話：「今天，你們公司有一個穿紅色條紋的女生打電話聲音太大了，被鄰居投訴了。」HR轉告大家，這時候，她會突然晃過神來：「呀，說的又是我呀，哈哈哈哈哈……」緊接著又是一群人大笑。「噓、噓、噓」——HR通常此時急得不行。

當重大節日或者有重要專案的時候，我會帶著他們一邊辦公一邊旅行。我們到大理、到某一處海邊，租下一個院子、包下一個民宿，一邊高效工作，一邊開始我們的旅行計畫。後來，我們終於忍不住長期租下了大理的一個民宿，團隊有了自己每年旅行辦公的院子，那個院子裡還有一棵石榴樹，我們總說，那棵石榴樹一定是世界上最快樂的樹，因為我們時常在樹下吃吃喝喝、唱歌歡笑，它是被我們的笑聲餵大的。

在工作中，每個人都可以選擇做讓自己感到快樂的工作內容，領導可以隨時靈活地協調大家的分工。因為我深知，快樂地工作是高效和創新的前提，快樂是最大的生產力。我們公司內部流傳著這樣一句話：請克制你對工作的愛——今天的覺今天睡，今天的錢今天賺，今天的快樂今天享受！

因此，在真正踏上創富之路前，很重要的一件事情就是調整好快樂與成功的順序。不是成功了才會快樂，而是快樂了才可能成功。一個人越快樂，就越容易成功，倘若犧牲快樂去換取成功，只會大大降低成功的概率。

　　當你明白這個道理時，你就會有意識地去調整你的狀態，你會知道每天快樂多一點，距離財富就會近一點。不僅如此，你還會有意識地去調整下屬、同事、家人、朋友的狀態，這個時候你就會發現，你對工作的積極性、對生活的熱情都在不知不覺間迸發出來了。快樂就是一個決定，當你決定快樂，一切自然會跟上你的這個偉大的決定。

2

快樂可以對抗追求財富路上的壓力和焦慮

　　心理學上有一種現象叫"抵消效應"，也就是說人的不同情緒是可以相互抵消的。快樂的情緒就是應對緊張和焦慮的一劑速效藥。

　　下面先跟大家講一個別人家的案例。

　　小 A 是一家公司的產品經理，對於馬上要開始的新產品發表會，她感到非常緊張。她擔心自己說不清楚產品的核心價值，還擔心自己可能在台上忘詞，甚至擔心電腦會當機。

這時候，她的老闆走過來，提醒她："你準備好了嗎？這是大事，千萬不能搞砸了。"

接著，她的同事也跑過來提醒她："今天現場氛圍特別不好，這事太重要了，你一定要扭轉乾坤。"小 A 感到一股巨大的壓力壓在她的身上。

雖然這個產品是她設計的，她也為此準備了很多天，此時的她卻感到非常緊張，心裡不斷地重複一個聲音："如果我搞砸了，我就是公司的罪人……"

最後，她上台演講的情況不太順利。

工作、生活中，這樣的場景我們是不是也經常遇到？在面對一場重要會議、一次年度工作報告時，我們總是因為過於重視而感到緊張，如果這時候還有人在你耳朵旁邊叨念著"你千萬不能出錯"、"一定不能出錯"，我相信你的焦慮值一定會爆表。

我們的大腦中時常會跑出各種各樣的負面聲音，比如：

這個事情可能會失敗，如果失敗，就丟臉丟大了；

這個事情的責任太大了，如果被我耽誤了，可就麻煩了；

這樣我會出醜的，以後怎麼見人呀？

我沒那麼專業，就算再努力，也一定會失敗的；

如果現場發生意外，怎麼辦呀？

所有的焦慮就像警報聲一樣，會讓我們分散注意力，很多人往往因為這些警報聲停下了腳步，一次又一次地回到自己的舒適圈。然而，追求財富的路上一定伴隨著挑戰、壓力、恐懼和不安。如果因為消極的情緒止步不前，我們一定會一次又一次與財富失之交臂。

近 20 年來，大量心理學研究發現，消極情緒會使我們的思想和行動範圍變狹窄，使我們的行動限制在"搏鬥"和"逃跑"兩種選擇上；而積極情緒則可以拓寬我們的思路，使我們更善於思考，更有創意，產生更多新點子。如果我們用快樂的心態來替代這些負面情緒，會變成什麼樣子呢？來看一個我們家的案例。

微陽是社交平台核心團隊中的一員。在來社交平台創業之前，她已經小有成績，買了房子、車子，還做了一個自己的女性社交平台。

但相處後很快就發現，她是一個拍照不會笑的人，平常也很少看到她開懷地笑。她總是一絲不苟地專注在事情上，很少表達自己的正面情緒。與她共事的下屬都小心翼翼，生怕一個不小心就踩到她的雷區。在家裡，她和先生也總是因為很多事情爭吵，她時不時會抱怨老公不夠上進，愛打遊戲。似乎一切都沒有能讓她安心的。

可是，和我一起創業兩年後，所有人都發現她愛笑了。她拍照時會笑，她對下屬會笑，她的直播間更是笑聲不斷，甚至時不時還在我們面前誇誇老公的溫柔和體貼。

我問她，這一切改變是如何發生的？

她說，現在的工作於她而言是快樂的，是一種能量補給的方式，而非能量消耗。在這裡，時常有人誇她，她的每個進步都會被看見、被鼓勵，她享受在工作中的同事關係、客戶關係；她更感動於幫助了那麼多女性賺到了錢、幫助她們變得更好的那份成就感；她還學會了及時地放鬆自己，累了就休息一下，需要幫助了就及時告訴別人。

她說："當我知道我不必壓抑自己的感受和需求，我可以大膽地去做自己認為對的事情，就算出問題了，大家和老公也一定會及時補救，當我知道了這一切，我整個人就輕鬆多了。"

在這樣包容的環境下，她的潛能一次又一次被激發，從帶著一個小團隊都覺得累到現在帶著一個幾十人的團隊操盤年營收過億元的案子，我們社交平台的社群體系在她的不斷反覆運算之下，逐漸也必將成為優秀的女性文化社團。

你看，這就是快樂的力量。快樂可以對抗壓力、焦慮、不安，會提高我們的專注力，還可以讓我們不斷地有激情去創造和創新。人是組織中最重要的資源，員工越開心，工作就越出色，對待工作和生活也會越有樂觀精神。

放眼全球，聰明的公司都會主動為員工營造出一種快樂的工作氛圍：在樂高公司的總部，天空藍的牆板，玫紅色的高背沙發，高低各異的展示櫃上擺滿了積木拼出的變形金剛、坦克。

嗖的一聲，你會看到一個員工順著鐵皮滑梯從二樓衝到一樓，站起來拍拍屁股，若無其事地走向辦公室。在 Facebook（臉書）辦公場所配備了醫生、按摩師和理療師，員工的小孩在公司出現是司空見慣的景象。在 Google，公司鼓勵工程師們帶寵物來辦公，辦公室裡你可以看到儼然動物園的熱鬧景象。時不時地移動辦公是我的社交平台的快樂基因。很多公司推出一系列的員工福利，都只是為了讓員工維持一個快樂的、舒適的工作狀態，去為公司創造財富。

多倫多大學做過一項很有趣的研究，在這個研究中被試者被誘發出積極情緒或消極情緒，然後觀看一組圖片。研究結果發現，那些被誘發出消極情緒的人，無法看到圖片上的所有內容，還漏掉了背景中的關鍵部分；而那些誘發出積極情緒的被試者，則看到了圖片上的所有內容。積極情緒還會幫助我們組織新資訊，使資訊在大腦中儲存的時間更久，提取資訊的速度更快。究其原因，積極情緒會使我們的大腦充滿多巴胺和血清素，這兩種化學物質不僅使我們感覺良好，而且能提升大腦學習中樞的激素水準，讓我們變得更有創造力。

因此，請努力創造條件讓自己快樂，只有當你的身心都感到愉悅時，你才有能量去創造價值，有力氣去追求和獲得財富。輕裝上陣的人一定好過負重前行。

$ 本節小結論

1. 快樂已經不僅僅是一種情緒，更是一種競爭力，讓我們獲得財富的競爭力。

2. 快樂可以對抗壓力、焦慮、不安，會提高我們的專注力，還可以讓我們不斷地有激情去創造和創新。

3. 只有當你的身心都感到愉悅時，你才有能量去創造價值，你才有力氣去追求和獲得財富。

賺錢的本質是對商業底層邏輯的認知

第二節

請你帶著這些問題閱讀

Q1. 你覺得賺錢的本質是什麼？

Q2. 周圍人賺到錢的原因是什麼？

Q3. 你覺得自己適合哪種新型賺錢模式？

關於賺錢，你是不是也有過這樣的想法：

"每天起早貪黑，努力工作，在一個行業待的年限足夠長，就可以賺到更多的錢。"

"只要學歷高一點、證書多一點、技能強一點，就可以賺到更多的錢。"

"努力去結識更多的人，擴大自己的圈子，萬一有幸遇到貴人、跟上哪個潮流商機，就可以賺到更多的錢。"

如果你真的認為一個人能賺到錢是靠專業、經驗、學歷、證書、運氣、人脈等，那麼你一定要好好讀接下來的內容，我將會用三個知識點打破你現有的認知。

· **1** ·

賺錢就是一門手藝

矽谷知名天使投資人納瓦爾在他的著作《納瓦爾寶典》裡有這麼一段話："假設有一天，我創業失敗，身無分文，這時把我隨意丟到任何一個說英語的國家的街道上，我相信自己會在 5 年或 10 年內重新變得富有，因為我已經掌握了'賺錢'這門技巧，而這門技巧人人都能學會。"我深表認同，這也是我要跟你們分享的第一個重要的知識點。

賺錢就是一門手藝，和媽媽們擅長的做飯、打掃衛生並沒有區別，只不過絕大多數人用一輩子去做飯、打掃衛生，卻沒有認真思考和學習過"如何賺錢"。於我看來，賺錢這門手藝並沒有比做飯更高級。

我輔導了很多普通媽媽學賺錢，在學習中她們會突然頓悟："啊，原來是這樣的呀。"然後就開始了自己的探索之路。有人之前只要創業都是虧錢，學完突然知道業務如何調整，同樣的行業、同樣的團隊，突然就一年賺了幾十萬；有人空有才華卻不知如何開始，突然間就想明白自己要做什麼，一年之內開發了自己的線上課程、社群，迅速地收入近百萬；也有全職媽媽覺得自己什麼都不會，可是學了商業後，靠分享如何做雞爪也能月入 2 萬……這樣的案例太多了。我說這些不是為了證明我厲害，而是想告訴你，賺錢就是一門手藝，並不比做飯高級，甚至對我而言，做飯比賺錢要難。因為到現在為止，我學會了賺錢，但沒有學會做飯。如果今天你會做飯，你就可以學會賺錢；如果你今天不會做飯，你也可以像我一樣會賺錢。

賺錢這門手藝，其實，有個更正式的稱呼，叫"商業"。上 MBA、EMBA 的各種老闆學的就是這門手藝。他們上的是商學院，而我們的社交平台給普通媽媽們辦的商學院，叫"媽媽商學院"，本質都是一樣的：教會一群人如何理解和思考賺錢。那賺錢背後的邏輯又是什麼呢？我們接著往下看。

商業的本質是創造和交換價值

賺錢是商業，商業的本質是什麼呢？商業的本質是創造價值和交換價值，只有那些能夠真正為社會創造價值和提供交換價值的人，社會才會給予其回報，這樣的人才會賺到錢。

我們舉個簡單的例子來說明這個問題：假設你去賣餅乾，你賣的餅乾和奧利奧餅乾有什麼區別？

假設你去擺地攤，你進了一批貨，賣你喜歡吃的餅乾。這一步你做的是銷售，其實就是在為社會提供交換價值。收入不錯後你可能會想：哇，我要賺得更多一點！你會不會花更多的時間擺更久的攤？甚至開個店， 24 小時都可以賣餅乾。這做的還是提高交換價值。

不久後你發現，賺的錢變多了一些，可跟奧利奧還是有很大差距啊！怎麼辦呢？你可能會想，我乾脆自己生產餅乾。沒錯，你現在做的是研發，是創造價值。走到這裡已經很不錯了對不對？可賺到的錢還是不多。

這時，我們用商業的邏輯來看，你接下來該怎麼做？

比如說，餅乾賣得特別好，那我們要不要去上通路呀？讓這個餅乾鋪到更多的超市去。於是你開始經營起自己的代理商、通路商、經銷商，讓通路批發地幫你賣，這是不是比你一個人賣效率更高了？你還可以開全國連鎖店、加盟店，把你的餅乾店開到每家每戶的門口。這個過程，你讓價值交換的過程變得更順暢了，交換效率是不是更高了？

再進一步，你說，你還要做一個自己的品牌，你開始設計自己的品牌標識，開始請了明星來代言，讓用戶在選擇付費的時候更相信你，看到你的產品想都不想就決定購買，這是不是又可以賺更多錢？

再進一步，你不僅有了通路，有了自己的品牌，還讓你的用戶願意為你傳播，成千上萬的用戶成為你家餅乾自發的推廣者，帶來產品的自增長，你的價值交換效率是不是又一次提高了呢？

此外，你創造價值的模式也可以繼續升級。比如你的餅乾可以和迪士尼做聯名款，做很多公主模樣的小餅乾，和更多品牌聯名，創造出更多爆款餅乾……

聽到這裡，有沒有覺得好像你離奧利奧越來越近了？如果每步都完成得特別順利，你的銷售額不見得比奧利奧差，甚至一個比奧利奧都要厲害的品牌可能就從你手裡誕生了！

　　一路走下來你會發現，整個過程當中不再只是靠你的努力，不是你做餅乾比別人專業，也不是你這一路上有好運氣，靠的是你在創造價值上越來越擁有獨特性，靠的是你在交換價值上面的效率變得越來越高，這些就是商業。所以我們回過來講，**商業的本質是什麼？是創造價值和交換價值，所有的商業模式都是因為它創造的價值越來越大，它交換價值的效率變得越來越高，所以它可以賺到更多的錢。**最通俗的表達就是：你能夠給別人帶來的幫助越大，你能夠最快地讓很多人知道你可以幫到他們，你就可以賺到更多的錢。無論今天你是一個賣餅乾的，還是一個做教育的，無論你今天是一個街頭小攤，還是一個世界500強公司的老闆，本質上你們應用的都是一樣的商業底層邏輯。**賺錢的底層邏輯是商業邏輯，因此想賺錢就要擁有商業思維。**

· 3 ·
商業模式就是升級
"創造價值和交換價值" 的方法

　　對於普通人來說，商業思維就是你能用已經驗證的商業規則來幫助自己賺錢。找到對的賺錢模式，知道在什麼商業模式下，你更能創造價值以及提高價值交換的效率，這樣才能賺到錢。在我的社交平台的社群裡，我們有各種各樣的商業案例。

有個學員是瑜伽老師，我們都稱她為波波．瓊。她學了近 8 年的瑜伽，但一直不敢從事瑜伽行業，因為她發現瑜伽行業的教練特別辛苦，開瑜伽館的成本又高，碰到疫情後全都在虧錢，於是她就開始想辦法，到底怎樣才可以改變這樣的困境。

你覺得怎麼樣可以幫她解決這個問題？找更便宜的場地、用更少的教練來降低成本？做更多的推廣、想奇招來行銷？還是直接關閉？那麼，我們可不可以換一個更好的商業模式呢？我們還有沒有更好地創造價值和交換價值的方法呢？

後來，她把注意力放在了線上學習。她研究後發現，線上課程都是用訓練營的社群模式，也就是拉一個群組，所有人在社群中一起學習、一起打卡、一起分享。那瑜伽課為什麼不可以轉到線上來學習呢？於是，她做了一個大膽的決定 —— 把瑜伽館搬到線上，創造了一個線上的移動瑜伽館。

她開設了瑜伽線上訓練營，把線下的學員和朋友都轉化到線上。每天早上 6 點鐘開始直播上課，帶大家練習一個小時的瑜伽。在網路螢幕裡，她可以看到所有學員的動作，學員的動作有問題她會隨時提醒調整，日常學員有疑問她也會隨時回答。

學員從剛開始只有幾個人到現在有幾十個人，她每天固定直播一個小時，每個月賺兩三萬元。

是不是很厲害？原來人們只能去瑜伽館，但是現在可以在線上學瑜伽，既節約了來回路上的交通時間，還能隨時在社群裡享受到老師更多的照顧。你看，這就是商業模式的創新，從線下瑜伽館變成線上移動瑜伽館，本質上創造了價值，也讓交換價值的過程變得更輕鬆、效率更高了。

波波・瓊創造了新的瑜伽商業模式之後，更重要的是她還做了這樣一件事情 —— 她把做線上移動瑜伽館的商業模式教給了很多同行，幫助更多的同行轉型成功。不到一年，她總計賺了近 100 萬元，在縣城給她媽媽買了一套房子。那一天，我得知這個消息後特別開心。

其實，不只是瑜伽行業，每個行業都會有很多種商業模式，我們要做的是善於去尋找最好的商業模式。

比如：都是賣水果，你可以天天到市場去賣，也可以開水果店賣，還可以直接供貨給加盟水果店或者其他品牌店鋪；你可以拉個群組賣，也可以在直播間賣，你要選擇哪一個呢？

都是健身，你可以做別人的私人教練，也可以自己開健身房，還可以做成運動愛好者聚集的健身 App，或者是像波波・瓊這樣用心線上服務和陪伴一群人，你要選擇哪一個呢？

都是中醫，你可以選擇去一個中醫診所上班，或者自己開一家中醫養生館，也可以選擇自己做一個中醫社群，或者線上提供問診服務，或者拍成短影音教大家各種養生知識，你要選擇哪一種呢？

　　你看，同一個技能，卻可以設計不同的商業模式來賺錢，這就是商業的神奇之處。它就像是一種"魔術"，像一個阿拉丁神燈，可以讓你的技術、專業、才華、天賦以不同的形式呈現出來，用不同的方式去幫助你想幫助的人。說到這裡，是不是覺得非常有趣？是的，自從懂了商業，我覺得這個世界充滿了樂趣。當你懂得欣賞商業之美，你會發現：商業的美並不亞於這世間最美的藝術，商業可以助力很多人去完成一生的夙願，也可以去創造人世間的無限可能。

適合媽媽們的商業模式

　　我深知，每一位媽媽多一個賺錢的門路，每一個家庭就多一分生機。因此，我從未停止過對更有愛的商業模式的探索。對於媽媽這個群體，我傾盡所學試圖尋找適合她們的賺錢模式，用她們能夠聽得懂的話語，用她們能夠學得會的方式教給她們。

　　下面，我向大家分享商學院社群這兩年驗證下來的最適合普通媽媽的 5 種賺錢模式，每一種都有很多媽媽已經或正在這條路上賺到了錢，都是經過驗證的適合普通媽媽的商業模式，我想對正在閱讀的你一定有一些啟發和實際的幫助。

最適合普通媽媽的 5 種賺錢模式

（1）興趣電商模式

興趣電商，是一種基於人們對美好生活的嚮往，滿足用戶潛在購物興趣，提升消費者生活品質的電商。傳統的超商模式和電商模式以消費者明確的購物需求為起點，是"需求－搜索－購買"的模式，與此不同，興趣電商圍繞的是內容，通過內容激發人們的購物興趣，是"興趣－需求－購買"的模式。也就是你也沒想好要不要買東西，但是刷著刷著你就下單了。

想像一下，晚上，你上床準備睡覺了，睡前刷刷手機，突然發現一個主播正在吃麵，那真是香呀，特別好吃的樣子，然後他說："今天這個麵呀，是最正宗的老北京炸醬麵……今天，通通 5 折，想吃的趕緊下單哦，一共就 200 包。"這時候，正好有點餓的你，是不是馬上就下單了？這就是興趣電商。之前你沒有需求，你刷著刷著，看到好的東西，你的興趣就被激發了，從而引發了你的下單。

這是一種全新的購物場景，如果普通媽媽能使用好這種購物場景，你會發現賺錢變得簡單很多。

比如說，社群裡有位很熱愛生活的職場媽媽，她特別喜歡分享自己各種生活小技能，還善於發現各種各樣有意思的小工具。比如：

「哇！我竟然發現了一種神奇的雙面膠，用它粘東西從來都不會掉！」

「這種削皮器很好用，既可以削馬鈴薯、黃瓜等蔬菜。扭一下，還可以削水果，不同水果還有不同的模式，這也太方便了！」

「這種水壺好漂亮啊，既可以煮咖啡，也可以煮桂圓紅棗等各種茶，煮一壺，就可以美美地喝一下午……」

於是她拍了很多短影音，吸引了一批同樣熱愛生活的媽媽粉後，她還開了直播跟大家聊生活中那些美好的小物件等等。很多人就因為她的推薦買了各種產品，她因此一年副業的收入就有 30 多萬元，而她上班一年薪資還不到 12 萬元。興趣電商就是基於人們對美好生活的嚮往，滿足用戶潛在購物興趣，提升其生活品質的電商。這個模式特別適合媽媽，媽媽是天生的生活專家，她們自帶識別好物的能力。而且，這個模式的優點是你不需要太多投入，不需要囤貨，不需要開店，對學歷也沒有任何要求，你只要堅持分享就好了；在分享的過程中，引入各種平台自帶的產品連結，大家因為信任你而下單，下單之後你都不用發貨，平台自動發貨，粉絲每下一筆單你就會有一筆利潤，是不是特別棒？

（2）知識付費模式

知識付費這個模式特別適合專業的人，比如律師、醫生、老師，或者你有一技之長（製作美食、運動、收納等都可以）。我前面講到，商業的本質就是創造價值和交換價值，那麼知識付費模式的本質就是創造知識這份獨有的價值。在你的大腦中的很多東西，雖然有價值，但如果你不分享，它們就是閒置的資產。當你把它們變成課程，變成內容教給別人，那你的閒置資產就值錢了。

在社群中有個學員，這裡簡稱她為小 A 吧，她特別喜歡做飯，每天給自家小朋友做的早餐都特別精緻，一個月都不重複。學習了商業思維後，她把每天做早餐的過程拍成了短影音，發到了社交平台上。於是就吸引了很多人，他們有些看到之後就會說："哇！我來跟你學做早餐好不好？"她說："好呀！"然後就有一些學員跟她一起做早餐。學員的收費都不高，每個人 500 元，而且是終身制的。後來，她的學員越來越多，每個月的收入也超過萬元。

你看，是不是沒有想過教別人做飯還可以賺錢？這就是知識付費的商業模式。總之，只要教別人學東西，大家覺得你好棒，願意付費給你，這就叫知識付費。

　　現在，我身邊的女性做知識付費模式的人已經越來越多了，有的教別人做飯、教別人畫畫，有的教別人寫字、教別人穿搭，有的教別人拍照、教別人聲音變得更好聽……這些都可以變現金。輸出能力，就是一種能讓你實現變現金的能力，知識付費這個賺錢模式非常適合有一技之長的媽媽。

（3）媽媽社群模式

　　這幾年經過很多人的普及，很多普通媽媽對社群這個概念已經熟悉了，其實就是通過營運手機通訊軟體來獲得收入。那麼，怎樣通過社群賺錢呢？你可以選擇成為一名優秀的社群經營官，輕鬆地找到一份工作，或者在家兼職，玩著手機就把錢賺了；你也可以運用社群這個模式來改造你現有的商業模式，我可以很肯定地告訴你們，如果一家公司用社群的商業模式重新設計一番，它的收入一定會大幅增長，創造價值的效率會大幅提高。

　　社群執行長，這是典型的社群經營職位。這些職位為什麼會變得很重要呢？因為手機通訊軟體的普及，加上許多人做微商、社區團購、社群分享等，社群的從業人數已經相當可觀。許多企業還在招募社群人才，社群經營這個職位的平均薪資會是行業裡許多工作職位薪資的 2.5 倍。只要你懂得如何經營社群，如何通過社群完成銷售和服務甚至更多的動作，那你的薪資馬上就可以翻倍。

在社群中，有一個來自鄭州的媽媽，她原來的工作屬於傳統行業，可是她特別不喜歡自己的工作。她在我們的社群中學習了社群經營後，成長為一個成熟的社群執行長。後來她辭掉工作，去了一個她特別喜歡的瑜伽 App 公司做社群經營，不僅薪資翻了 3 倍，而且她的狀態也越來越好。

還有一位雲南山區的媽媽張翠梅，她家種植了很多蘋果樹，在學習社群經營之前，她只能靠自己去找管道，擺攤銷售，後來用社群模式賣出了 4 噸蘋果。當然，學會社群模式，你可以連結任何產品。在我們的社群裡，有的媽媽用社群模式賣茶葉，有的賣電器，有的賣農產品。

（4）媽媽主播模式

媽媽主播，一般是指在自媒體平台當媽媽博主，經營直播、經營短影音或短影音內容創作，是現在市場中很熱門也 很重要的職位。因為這類職業非常新，這個行業裡從業人員的 從業時間都非常短，只要你現在開始學習，明年就是個老手， 是一位資深人士了，所以現在去學習完全來得及。

在我們的商學院裡，有個小夥伴叫韓野，她是知名大學碩士畢業，因為極度熱愛土地，她畢業後回家做了一名專注有機的新農人。過去幾年，她一門心思把精力放在種地上，不斷學習各種土壤修復的技術，生產健康安心的食物，然而她發現她精心種出來的有機菜卻因自己不懂銷售而滯銷了。來到商學院之後，她開始專注學直播，做短影音，她的第一條短影音一上傳就播放量超過 25 萬，很快她就賣出了 2000 斤大白菜和上千斤地瓜。後來，她又開啟了直播之路，第一天開播銷售額就近萬元。後來，她還成為某甄選直播間的供應商之一。還有一位媽媽，之前的工作是線下店面賣金銀首飾，當很多人都更願意選擇網上購物後，實體店的生意愈發慘澹。加入商學院後她發現，很多媽媽可以直播賣化妝品，可以直播賣土特產，那自己為什麼不可以直播賣金銀首飾呢？於是她很快就加入直播行列，成了珠寶行業裡最早直播賣貨的那批人。後來，她還因為這段嘗試的經歷獲得了一份主播的工作，收入明顯增長。

（5）顧問式銷售模式

每個時代，好的銷售都是稀有人才。而在這個時代，顧問式銷售尤其重要。什麼是顧問式銷售？顧問式銷售的本質是通過建立信任、精準鑑別用戶需求並提供對應的解決方案。簡言之，幫助對方解決問題，讓對方選擇自我成交。用戶反感的不是銷售，而是盲目的推銷，如果我們學會顧問式銷售，就能夠理解到，每一個人都是渴望改變的個體，我們的作用不再是推銷，而是解決問題。所以，如果你會顧問式銷售，恭喜你，你在任何行業都是稀有的。

比如我們的商學院裡很多從事銷售的學員，有的是賣化妝品的，有的是賣玫瑰醬的，有的是賣紅酒的，還有的是做知識付費的，她們中許多人學習顧問式銷售方法後，薪資都比之前翻了一倍。

例如商學院的萌晶，在顧問式銷售實戰營中學會帶領團隊，幫助 80 位媽媽賣她們各自的產品，28 天集體賺現金 80 萬元，人均 1 萬元。

菲菲熊，利用顧問式銷售和社群經營的經驗，幫助當地做教育培訓機構的朋友實現轉型，一天就進帳 30 萬元。注意，非常高比例的 CEO 都是有銷售背景的。這也就意味著銷售收入的天花板非常高，只要你會顧問式銷售，你就可以賣任何產品。你還可以將你的專業放大，突破專業很強卻賺不到錢的困局。普通媽媽學會這個模式，也可以做到月薪幾萬元甚至幾十萬元。

2

為實現女性的經濟獨立，勇敢出發吧！

在商學院中有個學員是商場客服，曾經碰到過一個特別讓人生氣的事。有個女性客戶過來非要退掉一個 129 元的燒水壺。她問是有什麼品質問題，還是不喜歡款式。客戶支支吾吾地不肯說原因，就想退貨。在她的再三追問下，對方居然哭著說，因為老公覺得她亂花錢，不讓她買。

原來，當一個女人沒有賺錢能力的時候，連花 129 元都要看別人臉色。還有另一個學員，她出去吃早餐都要問店家能不能開發票，一到月底她就開始在我們的群裡收集各種各樣的發票，我問她要這麼多發票幹什麼，原來她老公在每個月給她生活費的時候，居然要求她憑發票來報銷。而我自己，作為一個女人，一路走來，也聽過太多否定的聲音：

放棄吧，你這麼辛苦，也不一定會成功的。
女人在家帶帶孩子不好嗎？幹嘛非要出來折騰？
女人嘛，還創什麼業呀，和男人搶什麼呀……

當我媽媽知道我打算放棄 400 萬元年薪的工作機會去創業的

時候，差點氣得暈倒。她說，賺錢這個事穩定就好，瞎折騰什麼。

萬般阻撓下，2019 年年底，我還是創立了社交平台，立志搭建全球最大的媽媽互助圈。我希望這個社群可以給媽媽們提供最好的教育、最有趣的內容、最好的機會、最有意思的閨蜜。總之，媽媽們需要什麼，我們就提供什麼，我希望每一個在我們社群裡的女人都得以實現自我價值。而在社交平台的第一個階段，我們要做的就是解決媽媽們最難又無法迴避的一個難題，就是如何實現女性的經濟獨立。

我想讓每個女性都像我一樣擁有創造財富的能力，每個家庭都能因為擁有一個會賺錢的媽媽而幸福。我想對每個女性說：**女人賺錢，賺的不是錢，而是尊嚴和自信。**你的價值與性別無關。身邊的人可能會因為性別而對你有偏見，但是，事業不會因為性別而背叛你，錢更不會因為性別而看不起你。不要讓別人定義你的生活。**屬於女人的世界，絕不是只有廚房那一片地方，你完全可以靠自己的雙腳，走出去看看更美麗的景色。**

奧地利作家茨威格有句名言：一個人最大的幸福莫過於在人生中最富創造力的年齡，發現了此生的使命。我很幸運，每天都在為這個使命奮鬥著。這本書，正是把過往我教媽媽們賺錢時最經常遇到的問題和解決方案，濃縮成每個女性都應該學習的賺錢心法和技能，還彙集了很多關於媽媽創富的思維模型、底層邏輯和實戰經驗，現在全部分享給你們。

我心中有個畫面，不論是在書店，在咖啡館，還是在馬路邊，一個女性拿起這本書，書中的一個觀點影響了她對人生的看法，一種方法幫助她解決了當下的困境，再厲害點，讓一個普通媽媽一個月多賺幾千元，一年能多賺個十幾萬元，甚至幾十萬元，讓她背後的普通的家庭變得更好，讓她對未來的人生充滿希望和喜悅。這就是讓我做夢都會笑醒的畫面。

女人們，為實現經濟獨立，勇敢開始吧！

$ 本節小結論

1. 商業的本質是價值創造和交換，只有能夠真正為社會創造價值和提供交換價值，社會才能給予你回報，你才會賺到錢。

2. 賺錢更多的根本原因，不是你越來越努力，而是你的商業模式變得越來越好、越來越厲害。賺錢的底層邏輯是商業邏輯，因此想賺錢就要擁有商業思維。

3. 事業不會因為性別而背叛你，錢更不會因為性別而看不起你。不要讓別人定義你的生活。

第 **3** 章

重啟：
管理你的能量，
而非時間

聚焦關鍵結果，做好抓住機遇的準備

 請你帶著這些問題閱讀

Q1. 你有沒有忙著忙著突然情緒崩潰的時候？

Q2. 你真正關注過自己的狀態嗎？

Q3. 你更看重高效時間管理，還是高能量狀態？

有一天，一個朋友突然給我打電話，開口就說：“我真的受不了了，我要離婚了。”我很詫異，因為她平常看起來根本沒有任何問題，無論事業、家庭，還是她自己的狀態，在外人眼中幾乎接近完美。彼時，我腦海中冒出了老公出軌、雞飛狗跳的吵架畫面。但是，在我的追問之下，她接下來的一番話卻完全出乎我的意料。

　　她一邊哭泣一邊盡力克制地說：“我總是很忙，畢業後我分秒必爭地忙著事業，忙著賺錢；結婚後我忙著買房、買車；後來，我又忙著換房子，忙著把孩子養大……現在我又要忙著把孩子的學習變得好一點，把公婆照顧得好一點，把夫妻關係維繫得好一點。我以為把所有事情搞定之後，我就幸福了。可是事實是，我永遠搞定不了所有事情。而我的人生就像是被上了一個發條，一直推著我更快一點，再快一點，永遠有沒完沒了的目標在等著我，我真的太累了……”

　　她越說越激動：“這樣的生活，到底何時結束啊……我好想逃離，我想擺脫這一切！我想馬上就下樓開車離開，想買張票就離家出走！我恨不得馬上遠離這一切……”

　　這一切發生得太突然，以至於我一時理解不了。作為公司高級主管，有個很會賺錢的老公，還有一對健康的兒女，儼然是一個人生贏家，還有什麼不滿足的呢？可是仔細想想，我們每個人都有過那麼一刻，突然間，覺得自己一切的奮鬥都毫無意義。都說成年人的崩潰就在那麼一瞬間，平常看起來很正常，會說笑、會做事、會社交，即使遇到煩心事，也不會捶門砸東西，不會歇斯底里，可是當一切負面情緒累積到極致後，可能在某一秒因為一件特別小的事情就徹底被打倒了。

為什麼很多人看似很有目標感，平常忙忙碌碌，可是突然之間就崩潰了呢？這一切的背後，我認為是因為我們長期過度關注效率，而非自我的狀態。現實中很多人看似高效率，但其實已疲於應對。當明顯感覺到生活、工作對自己的消耗後，這種消耗會逐漸削弱一個人的生命力，終有一天會拖垮自己。

總有很多人私下問我：「老王，你每天從早忙到晚，一周飛 3 個城市、講 4 天課，這期間還要見 n 個人，既要創作內容，還要管理自己的公司，還要陪伴孩子，夫妻感情還這麼好，你是怎麼做到的？」聽著他們可愛的疑問，似乎我不離婚幾次、孩子不叛逆，都配不上我的成功。其實，我平衡一切的秘密就是能量管理。

以前，我也曾是個鋼鐵女俠，疏於陪伴家人，總是忙到忘記吃飯，努力恨不得超過大企業家董明珠，時間管理恨不得對照企業家王健林。

後來，我越來越像個機器人，一個被行程控制的機器人。

不行，我絕不容忍自己陷入任何一種消耗。於是，我開始反思問題出在哪裡，最後我得出的結論是：我過度關注時間管理，而忽視了自我能量的狀態。

"時間就像海綿裡的水，擠擠總是會有的。"這話是不是聽著很耳熟？

作為媽媽，我們要做的事情總是很多：起床做早餐，送孩子上學，上班，下了班恨不得以百米衝刺的速度去接孩子放學，晚上到家還要做飯、做家務、照顧老人、輔導孩子寫作業……每天我們都有忙不完的事情。很多人會以為，只要管理好時間，把時間充分利用好，按小時甚至按分鐘來規劃，總能搞定所有的事情。於是，很多媽媽恨不得早上第一個起床，晚上最後一個睡覺。你是不是也是這樣？

可是，在這個節奏越來越快的時代，我們忙著和時間賽跑，卻忘記了人的能量是有限的，我們需要休息、恢復和再生，我們不可能把自己變成一個永遠線上的機器人。

但如果你能換一種思維，關注的是當下的能量狀態，而不僅僅是時間管理，你就會敏感地捕捉到"我累了"、"我需要休息了"、"我需要讓自己開心一下了"，你就能及時給自己充電，快速調整生活、工作節奏，讓自己穩穩地處在一個高能量的狀態裡。

《紐約時報》曾刊登過一句振聾發聵的話：管理能量，而非管理時間，是本世紀革命性的發現。這句話尤其適用於已婚女性。

當我開始有意識地調整自我的能量後，我會在感覺有點累或者比較煩躁的時候，馬上給自己補充能量。比如：

> 每天不管多忙，我一定要好好吃飯，我甚至會拒絕和不夠喜歡的人一起吃飯，因為我知道那樣的社交非常消耗我的能量。
>
> 不論一個專案多麼賺錢，如果合作方我不喜歡，我是一定不願意合作的，因為我知道我的能量消耗帶來的損失將遠大於我的收入增長。
>
> 我和他人聊天的過程中，如果氛圍不對，我一定會及時暫停一下，比如上個洗手間，比如開個玩笑，調節一下彼此的狀態，再繼續往下聊。
>
> 每天不管工作有多忙，我都堅持和女兒朵拉互動，要麼趕在她睡覺前陪她泡個澡，要麼下班前和她視訊一下。每次出差回來，我都會給她帶個小禮物……我深知這一切不是她需要，而是我需要！

每年不管多忙，我一定出門旅行 2 次以上，每次不少於 10 天。後來因為創業太忙了，我就把這個習慣變成了帶著公司核心團隊旅行辦公，比如：2021 年我們去雲南待了快一個月；2022 年 7 月底，為了寫這本書，我在大理已經待了將近半年。

這些能量補給背後的原理都是能量管理。因為懂得能量管理，我很少有心情沮喪、煩躁的時候，就算有，我也總能快速調整和恢復，這樣的我每一天都感到很幸福。也因為我的狀態，很多人更願意和我共事，慢慢地我的機會總會比別人多一點，財富自然也多一點。

後來，我慢慢把這些方法教給我身邊的人和我的學員。很多學員都震驚於這樣的觀點，並且因為懂得能量管理而受益良多。比如在直播間有一位叫羽的學員說：

我以前只要一陪孩子寫作業，就特別容易生氣，幾乎可以說是狂躁，時間長了，孩子一看到我就害怕。自從來了這個社交平台，跟隨老王學習了能量管理之後，我開始打開自己的覺知，不斷地去覺察和調整自己的能量。所以現在每當我感覺自己的狂風暴雨要來臨的時候，就會馬上離開孩子，走出書房，去洗手間照照鏡子，欣賞一下自己美麗的臉龐，內心告訴自己：

"你看你看，這麼美的一張臉，可千萬不能生氣。"隨後再去客廳轉一轉，等心情平靜之後，再回到孩子旁邊輔導作業。漸漸地，我和孩子的關係越來越好了，他的成績也變好了。

還有一位學員婷婷說：

我結婚前幾年跟公公婆婆一起生活，過得很壓抑，雖然過去八九年了，但是只要跟我老公溝通，說著說著我就特別容易扯上以前的那些事情，普通溝通就有了火藥味，孩子也在我們的爭吵中擔驚受怕。在社交平台這裡我才意識到有能量管理這種事，現在一旦我意識到自己有負面的情緒和想要抱怨的時候，我就知道自己的能量不足了，就會馬上採取冷靜措施：讓自己平復一下，而不再是沉淪在負面情緒裡，等情緒恢復正常後再跟老公就事論事。當我主動進行能量管理後，我們家庭關係和諧多了，孩子的歡聲笑語也多起來了。

生命中很多問題的出現，原因並不在於別人，也不在於你周遭的環境，而是出在你與自己的連接上。我們常說，打敗自己的不是別人，而是自己。心是所有能量的發源地，如果你和自己的連接出了問題，你根本承擔不起人生給予你的任何東西，無論好的，還是壞的。能量管理，就是與我們的心建立起親密關係，從而身心結合，一起創造穩定的情緒和能量狀態。

我們生活在一個電光火石的時代，每天的事情密密麻麻排滿日程表，每個人隨身攜帶手機，估計著待辦事項清單，設置很多的鬧鐘提醒，可是一天氣喘吁吁下來，你有沒有注意：

滿滿的日程表只會增加自己的焦慮，因為有時候往往連一件事情都沒能做完，只剩下懊惱；

在工作上，領導給的任務，不知道中了什麼邪，被打回來了 3 次，不停地要求修改，自己的耐心也肉眼可見地消耗光了；

忙了一天，晚上還要輔導孩子寫作業，眼看到了該睡覺的時間，還磨磨蹭蹭沒寫完，沒忍住啪地給孩子一巴掌，孩子和自己同時崩潰，哭得比孩子聲音還大。

空客銷售總監雷義說過一段話："賣產品就是賣自己，要永遠保持活力，因為最能簽合約的，一定是精力最飽滿、最有感染力的人，沒人願意和一個看起來半死不活、還沒睡醒覺的人做生意。"我深表認同，我經常跟媽媽們說："每個為'情'所困的女人都賺不到錢。"這個"情"就是"情緒"，一天到晚總是生氣的人很難被別人認可。

《易經》中有這樣一句話："君子見幾（亦作'機'）而作，不俟終日。"君子真正看到了苗頭、趨勢，他會在最佳的時間點行動，不會讓自己陷入"高效率而低效果"的怪循環。

在追求財富和實現自我價值的路上，我們要會蓄力，會調頻，會充電，不追求平均用力，而是聚焦關鍵結果，一旦機會出現，便如猛虎一般手到擒來。

 本節小結論

1. 長期過度關注效率，而非關注自我的狀態，會明顯感覺到生活、工作對自己的消耗，這種消耗會逐漸削弱一個人的生命力，終有一天會拖垮自己。

2. 在感覺有點累，或者比較煩躁的時候，馬上給自己補充能量。

3. 能量管理就是與我們的心建立親密關係。

| 第二節 |

四個能量來源，
讓你每天元氣滿滿

 請你帶著這些問題閱讀

Q1. 時間管理和能量管理，你用哪種方式比較多？

Q2. 你對自己的能量有覺察嗎？

Q3. 你平時會用哪些方法讓自己迅速恢復好心情？

《如何像達·芬奇一樣思考》一書中，作者邁克爾提出了頗具深意的問題：“什麼場合你會獲得最佳的靈感？”經過多年的收集，最普遍的答案有“沐浴的時候”、“躺在床上休息”、“在大自然中散步”、“聽音樂”。但是幾乎沒有人認為自己會在工作中獲得最佳靈感。到底應該怎麼做才能使人處在極為高效率的狀態中呢？從天才少女谷愛淩的經歷中，我們或許能夠找到答案：

　　谷愛淩從小興趣多樣，騎馬、爬樹、射箭、鋼琴、籃球、足球、滑雪樣樣精通，而且17歲考上斯坦福大學，美國高考SAT的成績滿分為1600分，谷愛淩取得1580分的高分。18歲一舉成名，成為2022年北京冬奧會上洗版全世界的天才少女，其閃耀的光環足以用“傳奇”二字來形容。一個18歲的孩子活到了別人幾輩子都活不到的高度和厚度。很顯然，時間管理這個邏輯不適合谷愛淩，因為僅僅靠時間管理根本就不可能創造這麼多的奇跡。

　　那麼，她是怎樣取得如此驚人的成績的？

　　谷愛淩說自己的“秘密武器”就是每天都要睡足10小時，而她的媽媽談及培養孩子的心得時，強調的也是能量補充：“第一是多睡覺，睡不夠哪有精力玩？”因為充足的睡眠能夠使她擁有強大的能量去迎接任何挑戰。無論是騎馬、滑雪、鋼琴還是籃球，每一個項目都是她自己選擇的並且非常熱愛的事情。

她一旦選擇後就會 100% 專注地去做，她能夠保證自己在做這些事情的時候是以非常高漲的熱情、飽滿的精力和充沛的體能去投入的。

谷愛淩在採訪中說過，最重要的是要找到自己所熱愛的事情，但同時也要挑戰自己的極限，不害怕嘗試新東西。"如果我要做一件事就要做好，否則就是浪費時間。"作為成年人的我聽到這話，多少都有些汗顏，我們無法保證自己能像她那樣，對手上所做的事情保持著如此高度的純粹和能量。

那麼，我們應該如何獲得自己的能量呢？在這裡，我把社交平台會員能量管理課程的精華分享給你們。課程裡，我把能量補給分為體能、情感、思維、精神 4 個源泉，每個人都可以根據自己的情況來選擇補充能量的方式。

體能來源

這個最簡單、最好理解，跟體能相關的，包括飲食、睡眠、運動等。

對我來說，吃頓湘菜，吃個甜品，我會很開心，這就是通過飲食進行能量補給。

我曾經問過身邊一個很愛運動的朋友：「你創業這麼辛苦，怎麼還有時間堅持運動呢？」她反問我：「你創業這麼辛苦，不運動，身體怎麼受得了？」對她而言，運動是在續命，這是通過運動進行能量補給。

有不少女性朋友覺得跑步、爬山、做瑜伽也是很好的能量補給方式，或者乾脆睡一整天，每個人都能夠找到自己喜歡的方式進行體能補給。

2

情感來源

也就是你與周圍人的親密關係相關的能量，包括你與先生、孩子、父母、閨蜜的關係等等。

當我忙完回家後，我會跟女兒一起泡個澡，和她聊聊天，這樣我就能感受到身心全部的放鬆。

我把我的父母、公婆安排在和我同一個社區，到了週末，我和孩子去看看父母和公婆，和他們吃個飯，飯後一家人散個步，這樣我的狀態就會特別好。

　　偶爾，我也會和老公一起單獨看場電影，週末去泡溫泉，好好享受成年人難得的二人世界。時不時，我也會約閨蜜，一起吃個飯，喝個咖啡，沒有多久，我們的笑聲包準響徹整個店。

　　當然，除了與家人、身邊人的情感，在這個互聯網時代，你還可以線上建構你的人際圈子，這個圈子照樣可以成為你的情感能量補給源泉。

　　自從組建了商學院社群之後，我發現參加這個社群的媽媽們都說自己變得更開心了。是因為我講課講得最好嗎？課當然很重要，我認真思考了一下，更重要的原因是，她們在這裡找到了很多閨蜜。

　　在這裡，媽媽幫助媽媽，媽媽最懂媽媽。她們找到和自己同頻率的人，在社群互動中建立了情感連接，可以一起吐槽、一起成長、互相幫助。她們經常會說"不怕，我們家有人"，慢慢地，這個社交平台被很多媽媽稱為她們的"第二個娘家"，大家互為彼此的娘家人。只要你帶著一份真心來，在這種氛圍下，想不開心都很難。

3
思維來源

自己獲得新知，自己掌握技能並日益精進，自己擁有創造力，貫穿這些過程中的思維狀態能夠使你能量滿滿。

因為做了一件自己不喜歡的事情，你會難受一整天；因為聽了一個好課程，你會開心一整天。為什麼呢？因為做不喜歡的事情是最快的能量消耗方式，而上課獲得新知是很重要的能量補給手段。

我當年寫博士論文的時候，跑到峨眉山待了一個月。那時，我每天的任務就是看書和寫書，當然早上會去爬山，晚上也會泡溫泉。在看書的時候，我會因為看到一些特別出色的想法而感到興奮；在寫論文的時候，我會因為完全沉浸在思維流動的世界裡，而忘記了時間的流逝。最終，不到一個月我就完成了 7 萬多字的博士論文，全程特別高效率而快樂。

專注本身是有力量的，當我們進入心流狀態，高能量同時也會注入我們的精神。我相信職場媽媽們一定也有過這樣的經歷：當團隊一起討論某個專案或方案的時候，就算一直頭腦風暴到晚上 12 點，你也會覺得特別精神。很反常對不對？這是因為我們深知自己在創造，思維的活躍反而能給予我們能量。

很多人說上班特別累，但其實上班不一定會累，這取決於你的工作於你而言，是能量補給，還是能量消耗？你可以做這樣的思考：

自己是在創造性地做自己喜歡的事情，還是在機械地完成各種不得不完成的事情？

工作中自己的狀態如何，是集中注意力，還是總分心？

自己是邏輯清晰有條理地完成工作，還是混亂無序地被動應付著？

上面的這些問題，如果你是前一種情況，那麼恭喜你，你的工作本身就是你的能量補給手段，而如果你是後一種情況，那麼，建議你要麼調整自己，要麼遠離這份工作。人的一生中有三分之一的時間是在工作中度過的，我們應該讓工作成為自己的能量補給，而非能量消耗，這樣你才能享受工作的美好，提高生命的品質。

4

精神來源

精神來源與價值感、意義感、使命感、興趣愛好等相關。當我們做一件有意義的、感興趣的或者有使命感的事情時，會特別有精神。

社交平台創立之初，兩個月時間，我飛行了 11000 多公里，面對面輔導了 2000 多個用戶。每天從早講課到晚上，還全程穿著高跟鞋在會場來回走，很多女性朋友都心疼我，問我累不累、辛不辛苦？我完全感覺不到累啊。因為我在做一件我特別喜歡、特別有使命感的事情，這件事情本身會滋養我，從而讓我不斷努力下去。為使命而奮鬥，我不累，我很幸福。

此時的我也是這種狀態，不論是寫書，還是開發課程，為了給大家呈現更精彩的內容，我們寫了十幾萬字的稿子，不斷推翻，不斷重來，來回改了很多遍，但是我很興奮啊，為什麼？

因為一想到我將影響幾十萬個媽媽和她們的家庭，我就特別開心。這就是精神帶來的能量。

正如《你的水桶有多滿？》（湯姆・拉思和唐納德・克利夫頓博士著）中所描述的那樣，每個人都有一隻看不見的水桶和一把看不見的勺子，水桶滿溢使人能量滿滿、樂觀積極，水桶見底則令人能量值走下坡路，從而使人悲觀喪氣。我們可以為自己的水桶加水，也可以通過幫助給別人的水桶加水，從而使自己也得到水。大家可以把我們的能量值高低看成水桶的水位高低。當我們內耗嚴重、焦慮不安時，就是我們的水桶開始漏水的信號，我們需要向水桶注入新的水，才能讓水桶重新變成高水準的狀態。掌握這一點，將會深刻地影響我們的人際關係、工作效率、財富狀態，甚至健康幸福。

你可以從以上 4 個角度 —— 體能、情感、思維、精神方面來梳理一下，能做一些什麼事情來豐富自己的能量補給清單？

有些人喜歡聽著輕音樂入睡，有些人喜歡給家人準備禮物；

有些人喜歡睡前冥想，有些人喜歡早上逛公園呼吸新鮮的空氣；

有些人喜歡週末做一頓飯給心愛的人吃，有些人喜歡買一束鮮花放家裡，裝扮環境和自己的心情；

有些人喜歡跟朋友閒聊，有些人喜歡一個人獨處靜靜地看書……

相比於單一角度的補給，多角度補給，能量值會更高。也就是說，你要留意你的能量清單是不是儘量包括了這 4 個角度。

不要僅僅從一個角度來獲得能量補給，要多個角度都考慮到，這樣你更容易能量滿滿。

 本節小結論

1. 每個人都有自己的能量補給方式的偏好，尊重自己的偏好。

2. 能量補給是一個系統，可以時刻全方位地給自己加油。

3. 每個人都可以從體能、情感、思維、精神的角度來梳理自己的能量補給清單。

加強對自我能量的覺察，及時調整能量

 請你帶著這些問題閱讀

Q1. 作為媽媽，你有過怎樣的情緒崩潰的經歷？

Q2. 你是如何調整自己的負面情緒的？

Q3. 你對自己能量的覺察靈敏嗎？

張愛玲說過："人到中年，時常會覺得孤獨。因為你一睜開眼睛，周圍都是要依靠你的人，卻沒有你可以依靠的人。於是，中年人學會了偽裝，偽裝自己很堅強，假裝一切都很順利。"

我們總是裝作若無其事地工作、生活，仿佛日子就是這麼平靜，歲月如此靜好，但其實我們知道，這就是我們給自己的一份體面。可是真相呢？

有時候你看見一個人正在沉穩地開車，但也許他腦海裡想的是生活艱難。

有時候你看見一個人笑得很甜，說話很溫柔，但其實她的內心早就崩潰。

前幾天有個朋友跟我說，凌晨 2 點崩潰大哭，哭到鼻涕眼淚一把，感嘆生活真的太難！哭完了，冷靜一下，洗洗睡了，早上 7 點她還要起來上班，跟正常人一樣，開始迎接新的挑戰。

這種狀態下，人們的能量調整機制已經非常不靈敏，就像一台陳舊多年的設備，已經對外部環境沒有了回應能力。難道就因為我們是中年人，就該委屈自己嗎？不是的。

這裡，我建議，一定要為自己建立一套敏捷的能量調整機制，越是靈敏，你的能量越穩定。

我的好閨蜜殷雯曾經和我講了一個自己的笑話。

殷雯現在就職於某公營企業集團，是其中最年輕的高級主管，業務能力特別強，但脾氣暴躁，與下屬的關係有些緊張。

我們的另一個閨蜜很有意思，勸她改一改脾氣，於是送了她一個玉如意，並對她說："當你情緒不好的時候，你就摸一摸這塊玉，摸一下緩一下，摸兩下緩兩下，保證你最後都會忍不住念阿彌陀佛。"

過了段時間，閨蜜問她："你的狀態有沒有好轉？跟下屬的關係有沒有變好呀？"

殷雯說："現在是這樣子的，玉呢，已經被我摸圓了，下屬呢，跑得更遠了。"接著閨蜜追問為什麼，她回答："反正我經常聽到他們在我辦公室門口偷偷說：'她在摸玉如意，她在摸玉如意，領導在生氣，領導在生氣，趕緊撤！'"

說完我們大笑不已，當然這都是殷雯自嘲的小笑話，她其實是一個人見人愛、花見花開的小公主。

這個小故事中，"摸玉"這個動作就是在建立一個靈敏的能量調節機制，我們正是要如此敏感地去感知自己情緒、能量的變化。當我們善於發現什麼時候該建立能量調節機制，那我們就能夠做出相應的調整，這個過程就是在建立能量調節機制的過程。我在工作中就經常用這一招。

一次我與一個重要的合作方談判，因為細節很多，談了太久，疲憊之下溝通陷入僵局。我意識到我正在變得煩躁，甚至還有點生氣，覺得對方太計較了，再談下去我就想罵人了。

這時候我站起來，說＂我去一趟廁所＂，上完洗手間，我又在旁邊的會議室裡轉了一圈，緩了大概 10 分鐘。等我再回來的時候，我的狀態調整得很好了，這時候再開始與對方往下聊。

後來，這場談判進行得非常順利，也是因為這次合作，我賺到了 100 多萬元。

成為一個＂負情緒小督察＂後，接下來，讓我們開始建立能量調整機制吧！

1
先照顧好自己，再照顧家人

我注意到身邊很多女性經常出現的狀態就是：明明自己的情緒很低落了，能量值很低了，還想著孩子要吃飯，家裡太髒，公公婆婆需要照顧，老公好像還有個什麼事情要忙。於是強忍著自己的負面情緒，忙來忙去，最後要麼就是在某一瞬間因為一件小事崩潰了，要麼因為長時期的負面情緒積壓而得了憂鬱症，甚至身體出現其他疾病。

以前的我也是這樣，工作特別忙，自己特別拼，手頭每時每刻都有好幾件事情必須要完成，於是強制要求自己所有的精力必須一直沉浸在事情裡面，慢慢地就很容易忽視自己的狀態。我變得很煩躁，想發火，在家裡動不動就吵架。在情緒爆發之前，在情緒一點點低落之際，我是有感知的，只是我不重視，我選擇了忽視它。

當自己出現了負面情緒苗頭的時候，就要及時問一問自己：親愛的，你怎麼了？你當下的感受是什麼？對當下的情緒覺知得越具體越好，是委屈、難過、焦慮、嫉妒？這樣你就是有意識的狀態，而不會一味地被情緒操控。當敏感地覺察出自己能量低的時候，趕緊補一補。此時，不要去擔心孩子、家人，首先要照顧的是自己，趕緊做一些補給能量的事情，這時候可以根據你的能量源泉選擇你的能量補給方式，比如：是不是可以從體能的角度補給能量，睡個覺、吃頓好吃的、運動一下；是不是可以從情感的角度補給能量，約個好友，聊聊天，看看電影，出去玩一下；是不是可以從思維的角度補給能量，逛逛展覽、找個比自己優秀的人聊聊天；當然，也可以從精神的角度補給，看本書，聽個課，與自己關心的用戶好好聊聊天。

盡可能對能量狀態保持警覺，當你察覺到自己能量值低的時候，馬上按下暫停鍵，先補給能量，不任由負面情緒蔓延下去。先照顧自己，再照顧家人。作為媽媽，一定要學會先斟滿自己的杯子。少一些感性的煩惱，多一些理性的思考。慢慢修煉，讓自己成為一個有情感、有溫度，但不情緒化的女人。

· ‹ 2 › ·

不要馬拉松式地工作，
要衝鋒式地工作

在職場，有些人突然生病了，或者離職了，大多是因為在運用馬拉松式的工作模式。很多人因為工作有壓力，或者創業有壓力，就會一直要求自己很努力，從而進入一個馬拉松式的連續運轉狀態，一直工作、一直工作，這樣很容易耗盡自己的能量。

我比較認可的工作方式是：衝鋒式的工作方式。每衝刺一個階段休息一下，再衝刺一個階段再休息一下。這種衝鋒式的工作狀態，效率會更高。

拿我來說，我每工作 50 分鐘，就會休息 10 分鐘，做一些補給能量的事情。比如嗑瓜子、吃點東西。

直播前，或者拍短影音前，我會眯一會兒，這樣狀態會很好。

衝刺的時候，我會給自己留出整塊的時間。我會拒絕一心多用，專注於一項需要關注的工作，越專注，我的效率就越高。

每做完一個大專案，或者這個專案做得非常棒，我就會立刻給自己一個大的能量補給，例如出去旅遊一次、給自己買個禮物。

每年朵拉的暑假、寒假，我一定會提前安排好，休息一段時間陪她；或者是團隊一起安排好旅行辦公，讓大家都帶上孩子，一半的時間辦公，一半的時間旅行。

在這裡，特別要提醒的是，如果你是管理者或者創業者，更要注重自己的能量管理，因為你的能量不僅會影響自己的狀態，還會影響下屬、員工的狀態。

很多時候我們會發現，當一個人狀態不好時會使用很多情緒性的句子。有時候一位管理者罵了下屬一個小時，下屬緊張得完全理解不了領導說的內容，最後回給領導一句："領導，你到底要我幹嗎？"

曾經有一次我跟下屬吵架，我特別凶地對他說："你現在跟我去老闆辦公室，告訴老闆，要麼開除你，要麼開除我，看看老闆開除哪個？"是不是很誇張？後來我懂得了能量管理，開始做出調整。如果我講了很多，下屬還是不明白的話，我就把每個內容拆解給他看，然後讓他複述。如果我自己能量值特別低，講不下去了，就立刻按下暫停鍵："讓我們休息一下，你好好想想，一會兒我們再來講。"

　　那麼，接下來請你也建立起自己的"衝鋒式工作清單"，並按照清單去執行。你需要採取衝刺、放鬆，再衝刺、再放鬆的模式，然後把它轉變為一種固定不變的習慣，從而建立起穩固的能量調節機制。以下可以作為參考，實踐中不僅限於此：

　　每工作 50 分鐘，停止工作 10 分鐘，並做一件能量補給清單上的事情；做事情的時候要專注，如果有需要，主動給自己創造一個隔離環境，比如手機設置成飛行模式、找個會議室、去咖啡廳寫方案；每做完一個大專案，就做一個大的能量補給（旅遊、吃大餐等）。

● 3 ●
系統設計一整套能量提升方案

　　在創業的第二年，我發現我給自己體能上的能量補給真的太少了。精神、思維、情感各方面都挺好，體能卻跟不上，如女裝品牌創辦人楊天真女士所說："總嫌棄身體拖累了大腦和靈魂。"

　　反思我的生活方式後，我發現我是一個特別不健康的人。

每天睡得很晚，愛吃垃圾食品，又不愛運動，臉上還長了很多痘痘，這讓我很心煩，我的能量值也因此變低。

再去看我的能量補給清單，我才意識到我的能量補給方法中，正確的體能補給是非常少的。這時，我決心給自己做一個體能補給方案，包括多吃素食、晚上 12 點前睡覺、每週做一次精油按摩等等。我甚至飛到大理，每天和老公一起堅持繞著洱海快走幾公里，偶爾還會去深山徒步，看美麗的星空和日出。調整了大半年後，我減重了近 12 公斤，皮膚也變好了，身邊的朋友都說我變得更年輕了。

所以，如果你的能量值在一段時間裡面都處於低迷狀態，你需要做的不只是列出能量補給清單，還要為自己定制一整套能量補給方案，並把方案細化，確保可以實施。

如果體能不足，你需要的是一個體能能量補給方案，包括早睡、運動、飲食等內容；如果思維能量不足，感覺自己缺乏創新能力，工作思路跟不上，這時候要給自己安排一個學習方案，看書、聽課、認識優秀的人，都可以；如果是精神或者情感能量不足，同樣也可以對應前面內容，來做能量補給方案。

比如，我之前有位下屬因為情感能量不足影響了工作，我幫他做了一次調整。

他工作特別忙，自己在深圳，老婆孩子在廈門，長時間沒空回家。孩子馬上要上高中了，他自己和小孩的狀態都特別差。

　　有一天他突然提出要離職。他辭職的原因不是找到了更好的公司，而是自己的狀態不好。我就跟他分析為什麼狀態不好，一點一點幫他剖析，發現他的情感能量不足，家庭出現了很大矛盾，他不知道如何處理。因為自己狀態不好，和下屬們的關系也出現了問題。

　　於是，我就給他制定了一套方案：無論多忙，每月要回家一趟；每天要跟兒子視訊；每半個月把家人接到深圳住幾天；工作上，因為他個性很強勢，不太會把難處告訴下屬，我就要求他必須跟下屬同步告知，告訴下屬他的家庭困難是什麼，讓他的下屬們在他回家的時候及時補位。

　　我告訴他："這就是你的能量提升方案，如果做好了，狀態就可以好起來。如果嘗試一個月有效，你就不要離職了。"

　　果然，他的狀態很快就好起來了，我也因此留住了一個對公司很重要的中層管理者。從上面兩個案例中我們可以看出，一套好的能量補給方案甚至可以幫助一個人度過人生低谷期。愛自己就要瞭解自己，當發現自己處在某個無助狀態下時，請立刻為自己設計一整套能量提升方案。

　　比如，當你確定你的能量補給應該來自運動，就要去想如何培養運動習慣。你要做什麼運動，買什麼運動器材，跟誰一起運動，如何鼓勵和獎勵自己。而如果你的能量補給源泉來自家庭，你就要去想，你要做哪些溝通，要在家庭當中增加哪些儀式感，時間如何挪出來，如何花時間去陪孩子和愛人。

總之，要把它梳理成一個完整的方案，然後去實施，確保你能掌控。不然能量值已經很低了，還要去改變自己，會很辛苦的。

有人專門統計過一個特別有趣的資料：一個人一天要做多少個決定？ 10 個？ 20 個？ 100 個？ 1000 個？ 答案是：你一天要做 3 萬多個決定！從早上起床，你想什麼時候起，先刷牙還是先洗臉，牙膏從上面擠還是下面擠，這都是在做決定，直到睡覺。在 3 萬多個決定中，90% 以上你是在無意識狀態下完成的。而我們的能量，在一整天中都會不知不覺被這些細碎的選擇、決定、行動和反思不停撕裂、拉扯……如果我們不具備能量管理的能力，勢必會在日復一日繁雜的生活中一點點耗盡能量。

最後，一定要記住，請管理你的能量，而非管理你的時間。

好的能量狀態，能夠讓你在一切困境中按下人生的重啟鍵。

$ 本節小結論

1. 作為媽媽，一定要學會先斟滿自己的杯子，愛滿則溢。

2. 對能量有覺知，用衝鋒式工作方式，而非馬拉松式工作方式。

3. 愛自己就要瞭解自己，為自己設計一整套能量提升方案。

第 **4** 章

加速：
行動起來吧，
女人們

提升協同能力，
讓自己少走彎路

 請你帶著這些問題閱讀

Q1. 你是別人眼中的"理想主義者"嗎？

Q2. 什麼是協同力？

Q3. 協同力統籌的四個要素都包括什麼？

不知道你身邊有沒有這三類人：

第一類：他們有遠大的夢想，也很喜歡跟身邊人表達自己有多熱愛這個偉大的夢想，他們的深情講述甚至打動了很多人，以至於大家都認為他就是成大事的人。可是，他們只顧仰望星空，卻從不著手去實現眼前一個又一個的小目標。於是，他們成了別人眼裡的"空談理想主義者"。

第二類：他們有著清晰的短期目標，並且把計畫和行程安排得非常出色。每天早上醒來立志今天要完成幾件至關重要的大事，可是眼看時間一點點流逝，卻遲遲不知如何入手，以至於直到睡覺才發現，今天又是毫無進展的一天。於是，他們成了"眼高手低的代表者"。

第三類：他們的行動快準狠，當大家還在猶豫的時候，他們就早早地入局，走在所有人的前面了，遺憾的是，他們往往由於一時沒有取得成果或過程中出現波折就過早放棄了對目標的追逐。於是，他們成了別人口中"起個大早卻趕了個晚集的人"。

看到這裡，有沒有覺得這樣的人身邊比比皆是，甚至包括我們自己？

誠然，能夠站在金字塔上的人實屬少數，很多時候，作為普通人的我們，只能自責於自己的能力不行，努力不夠，時運不濟。但是，今天我要告訴你們一個你們從未聽過的觀點，一個關於成功的秘密：

縱觀國際著名的富豪，比如比爾·蓋茨、埃隆·馬斯克、約伯斯，以及對世界有傑出貢獻和有卓越才能的大人物，比如屠呦呦、袁隆平、斯蒂芬·威廉·霍金……他們除了是長期主義者以外，還具備一種非常重要的能力，那就是協同力。做普通人還是站在金字塔尖？協同力在其中往往起到關鍵作用。

這種能力，本質上是對自己獲得一個成果全過程的洞察和理解，我把它稱為"願力－目標－行動－成果"之間的協同力。

被譽為全球第一 CEO 的傑克·韋爾奇非常推崇協同力，他曾經在《商業的本質》書中講道："眾多企業沉迷於執行力神話時，協同力的理論與實踐告訴我們，企業只有打造了協同力，才能產生真正的團隊，才能談得上執行。"傑克·韋爾奇向來以協同力管理公司而聞名。而今天，你同樣可以用協同力來管理你自己。商業需要打造閉環（封閉循環的回饋系統）才能盈利，個人同樣需要閉環才能成事。協同力，就是我們的成事閉環。所以，做不成事情，先去想想，你是不是沒有成事閉環？

是不是感覺耳目一新？別急，下面的內容更有意思。在講個體協同力之前，我先解釋清楚願力、目標、行動、成果 4 個要素。

願力，決定著一個人究竟能抵達什麼樣的終點。也就是說，你要去哪裡以及為什麼去。完成一項使命，對你而言意味著什麼？

目標，是你的階段性目的地，把願力拆解成不同階段的目標，全部完成之後就到達了終點。

行動，是指我們把目標一個一個實現的過程，其中包括思考、探索、溝通和實踐等。

成果，是我們通過行動獲得的一個個階段性結果。

在我們獲取財富的路上，願力、目標、行動、成果缺一不可，少了任何一個都不能形成閉環。無論是完成一件大事還是小事，都需要具備這 4 個要素，而協同力就是把這 4 個要素之間銜接順暢的能力。只有擁有協同力的人，才能夠把願力、目標、行動、成果一步一步落實成功。所以你就會明白：

"空談理想主義者"其實是不會將願力拆解成一個一個的小目標，用目標、行動和成果去協同願力。"眼高手低者"其實是缺乏行動力，沒有行動的願力。當然，也許是因為缺乏願力，以至於沒有足夠的動力驅使他將整個過程協同起來。

"起大早卻趕了個晚集的人"沒有意識到成果是可以被"反覆運算"的，成果是成事閉環中可不斷反覆運算的一環。放棄成果的反覆運算，閉環就會被打破，因此很難到達成功的彼岸。

現在理解協同力了嗎？我再給你打個比方。

假如你要開一輛車去某個地方，那麼協同力就是讓這個車的所有配件互相匹配、互相作用的能力。也許這些配件不一定每個都足夠好，但至少是匹配的，是可以互相作用的。不懂得協同的人，就像一輛汽車配一個飛機的輪子，就算飛機的輪子再好，裝在汽車上也無法發揮價值。懂協同力的人呢，他不會妄想通過提高某一項要素來獲得額外的成果，他深知這個過程是一個系統，在系統搭建的過程中，他要做的是不斷穿梭在願力、目標、行動、成果之中，做一個檢查統籌的老師傅，做一個協調的織網者。

如傑克·韋爾奇在《商業的本質》一書中所說："一旦我們工作中具備了協同力，我們就不會再走彎路，而會一往向前，過程中的痛苦也將煙消雲散。"因此，**提升個人的協同能力，是一個人追求財富的必備能力**。

$ 本節小結論

1. 在我們獲取財富的路上，願力、目標、行動、成果缺一不可，少了任何一個都不能形成閉環。

2. 協同力就是把願力、目標、行動、成果這四個要素銜接順暢的能力。

3. 我們要學會將願力拆解成一個一個小目標，用目標、行動和成果去協同願力。

第二節

被低估的願力，
比能力重要多了

 請你帶著這些問題閱讀

Q1. 試著探索一下自己有什麼樣的願力（無論大小）？

Q2. 如何通過 "不願意" 來修煉自己的願力？

Q3. 願力和利他、財富之間是什麼關係？

120

我生長在一個重男輕女的家族裡，所以從小就經歷了很多不公平的事情。還記得小時候過年，我奶奶給所有孩子準備了紅包，表哥一個，表弟一個，堂哥一個，我弟一個，當然我也有一個。小孩子能有什麼壞心思呢？可是當他們拿著一張張的鈔票在我眼前搧來搧去的時候，我才發現自己手裡這張顏色和他們的不一樣。原來奶奶給了他們每個人大鈔票，只給我裝了小鈔票。

後來有一年，我發現我的紅包裡裝的是大鈔票，我簡直開心壞了，霸氣地把大鈔票甩在他們面前，可是這一次，他們甩出了更大鈔票。原來，是行情漲了。

還記得那一年，我好不容易考上了博士，我特別開心地回到老家，可是當我奶奶聽到了這個消息，很冷漠地說了一句："女子無才便是德，你讀那麼多書幹什麼？"看著眼前這個耄耋之年的老人，我眼裡噙著淚水卻無力反駁，一肚子委屈。

上班以後，作為 HR 的我深刻洞察到這樣的事實：在公司裡，女孩子再努力，她們的分量也總會比男孩輕。即使男生在偷懶，領導手裡有工作大多會交給女生，談重要項目的時候又只會想到男生。領導好像天生認為女性必然平衡不了事業和家庭，是個潛在的麻煩。

我在一家上市公司用 5 年時間從普通員工升為人力資源副總裁，這一路，沒有人能比我更能深切體會女性在職場中遇到的不平等和艱辛。

可是，當我的女兒出生後我害怕了，我好擔心啊！我擔心朵拉長大以後會像我一樣，需要付出那麼多的東西才能得到她想要的。我擔心剛剛出生、正在長大的女孩們，今後即使她們做了再大的努力和貢獻，身邊還是會有一雙懷疑的眼睛。不行，我要讓我的孩子，我要讓所有的女孩子都生活在沒有性別歧視的世界裡，我要所有女性都得到充分的尊重、平等的機會和公正的待遇。所以，我創辦了社交平台。

我希望它是為華人女性提供所有社會支持的一張網，這張網會幫助女性擁有獨立的經濟能力，擁有選擇生活的權利。當女性力量得以崛起，這個世界才會改變對女性的偏見。

這就是我的願力，這就是社交平台的願景。我寧可放棄400萬元年薪的舒適生活機會，也要堅定地去做這件事情。而社交平台2年時間就幫助了超過50萬女性，僅憑我一人之力是不可能做到的，這都源於“媽媽最懂媽媽，媽媽幫助媽媽”這份心，是媽媽幫助了媽媽，是大多數媽媽把我的願力當作她們的願力去追隨。

比如，和我一起經營的景洋老師，我們第一次見面時，我用了不到10分鐘介紹了我想做的社交平台這份事業的初心，聽完後她一晚上沒睡，給我畫了一張社交平台業務版圖魚骨圖，她老公開玩笑地說：“自家的公司都沒見你這麼操心。”後來，她成了我們區域市場的負責人，從只有 13 名學員經營到現在上千人。寫到這裡，我想起了很多人，大學教授郭熹微老師、退休媽媽英雄姐姐和柔柔姐姐、3 個孩子的創業媽媽牙一諾老師、一直在成長的小 Q……當夢想只是一個人的夢想時，不一定會實現，但如果這個夢想變成一群人的夢想，那是一定會實現的。

願力，往往是一個人創造價值的初心，不只是為了自己，更是為了利他，為了讓世界變得更美好。一個大格局的願力，可以讓比自身優秀很多倍的人才主動靠近，能使眾人聚，能使眾人行。願力越大能量越大，能量越大，它所創造的價值就會越大。

我常常在社交平台上分享這樣的觀點：為天下人者，天下人助之。西方學術圈近些年一直在研究"企業社會責任"，研究如何讓一個企業同時兼顧經濟價值與社會價值。這件事本該被重視，但卻被一些人在逐利過程中，為了財務報表上每年數字的增長而忽略了。人們忘記了創業的初心，甚至捆住了自己的思想。

其實，創造財富最重要的，是以利他之心發出願力，如果這個願力是對的，很多資源自然會湧過來。且在日後經營中，創業者也要守住初心，讓它持續成為自己和團隊的創新原動力。財富就像管道裡的水，如果管道狹小，流過去的水是不會多的。你聚焦的是小錢，它來的就是小錢。當你變得更加開放，更加大氣，更加通透，你為更多人著想，那麼你的"管道"就會越來越寬廣，財富自然會越來越多！

終其一生，我們只是一條管道，向上承接，向下給予，而財富，只是我們人生路上的小風景。不要為了錢去做事業，永遠記得事業背後的公益心。當我們擁有大格局、大願力，你所見到的風景必將是多數人沒見過的人生。

那麼，我們怎樣才能找到願力呢？

• 1 •

願力往往來源於你與眾不同的經歷、觀點

人生的願力往往來自你的個人經歷。你對人生某些事情的看法與其他人有所不同，於是你會很執著地希望通過做某件事情來改變這個世界。

我之所以對幫助媽媽追求和實現自我價值這件事情有執念，是因為我小時候的遺憾。所以我對女性總是會給予更多地耐心和幫助。慢慢地我明白了，幫助天下女性追求和實現自我價值就是我的願力。你可能會說，你可能做不了那麼大的事情，小事情會不會有願力呢？當然。

一位廚師，他想著通過食物治癒每個難過的人。

一個服務員，他想用服務讓每個人都快樂地享受餐飲時光。

一個老師，他想發掘和看見每個孩子的潛能。

一個司機，他想把每個乘客安全地送到目的地。

也許你會說這不就是他的工作職責嗎？但事實上，每個能夠用心地完成自己工作的人，就是有願力的人。也就是找到使命感時，你會充滿無限的力量。

這裡我給你們分享一個"使命感知清單"，每一點都可以反覆體會，從這些觀點中去內觀自己，找到你的願力：

你對某一個特定的問題或主題感到非常沮喪或者難過；

你強烈地感受到自己改變他人的可能性；

你感覺到"這件事是我應該做的"，或者感覺到自己被分派了這項任務；

做這項工作讓你覺得自己是特殊的，感受到罕見的意義、正確性和巨大的能量；這段旅程本來就是獎勵。

諾貝爾文學獎獲得者約翰·麥斯威爾·庫切曾經說過："你內心肯定有著某種火焰，能把你和其他人區別開來。"找到它，使命感將是最大的商機。

大家都聽過修教堂的故事吧。說的是有兩個青年在抬石頭修教堂，一個智者問他們："你們在做什麼呀？"一個青年告訴他"我在抬石頭"，另外一個青年則說"我在修教堂"。50年以後，說抬石頭的還在抬石頭，說修教堂的已成了哲學家。這說明什麼呢？說明即使在做同一件事情，找到願力與否能決定一個人的命運，願力的一念之差使行動和結果千差萬別。

2

修願力的方法：勇敢面對你的每一次不願意

當我們找到自己的願力之後，一定會面對很多艱難的時刻，這個過程，就是修願力的過程。在這裡，和你分享一個很好用的修願力的方法，就是勇敢面對你的每一次不願意。比如：

一個餐廳服務員，遇到了一個不尊重自己的人，自然會有情緒："我才不想給你這樣自大的人服務呢！"於是，他可能在服務別人時臉色非常難看。

可是如果他是個有願力的人，"我要讓每位客人享受餐飲時光"，於是他可能會想："他也許只是今天不開心，可能正需要這頓飯來讓自己變得開心呢，或者他就是自大的，那我也要通過我的服務，讓他明白快樂比什麼都重要。"

於是，這個服務員仍然能夠愉快地給對方點菜、上菜，帶著笑臉真誠地問對方："你還需要什麼嗎？"他甚至還給對方準備了一份小禮物寫上溫暖的文字，希望他擁有美好的一天。想像一下，結果會怎樣？我想這個客人也許被治癒了，而這個服務員也成為大家眼裡一個有魅力的人，一個有願力的人。

如此，**把每個"我不願意"變成"我願意"，把每個"我不敢"變成"我怕，但是我願意"，把每個"我不行"變成"我是能力不夠，但是我願意"，把每個"我虧了"變成"這樣我是虧了，但是我願意"**——當你修到任何有意義的事情都願意，慢慢地，你就變得越來越有力量，你的能量就能帶動很多人，你就能完成很多很難的事情。《大亨小傳》的作者菲茨傑拉德說過，一流的智者能夠同時在腦中持有兩種相反的想法，但仍然能夠保持行動力。

每個人腦海中都會如此，當你想到目標的時候，你想行動；當你想到困難的時候，你想停下來。這兩者一定會打仗。要是普通人就停下來了，什麼叫傑出的人呢？就是一邊打仗，一邊往前走，這就是修願力的過程。

可能有些人會說，我不想成為有願力的人，因為他們看起來比別人辛苦。但是真正擁有願力的人，儘管一路上會付出比別人更多的努力，但卻是最幸福的，因為這種價值感是獨特的。

根據馬斯洛的需求層次理論來分析，願力滿足的是一個人的最高層次的需求，叫自我實現需求，它超過一個人對生理、安全、歸屬和尊重的需求。願力給一個人帶來的能量補給是最高階的，也是最快樂的。

沒有斤斤計較，沒有恐懼害怕，沒有算計陰謀，只有一句"我願意"。這樣的人快樂又有力量，最終就很容易成為"快樂的有錢人"。如尼采說的："我們之所以能容忍生活當中的每一天，是因為我們知道我們的人生要過成什麼樣子。"

 **本節小結論**

1. 協同力就是把你的願力、目標、行動和成果協同起來的能力，一個賺錢厲害的人，可以任意穿梭在這個過程中，在不同階段扮演好不同的角色。

2. 願力往往是一個人創造價值的初心，有了利他之心，才可能會有財富的到來。

3. 願力，就是最大的生產力。當你找到願力時，你會擁有無限的力量。

第
三
節

你不用特別勤勞，
但一定要足夠專注

 請你帶著這些問題閱讀

Q1. 看看自己的願力可以拆解成什麼樣的目標？

Q2. 當下這個階段，你最重要的目標是什麼？

Q3. 你打算為重要的目標分配多少時間？

當我們找到願力後，要把願力拆解為目標，並付諸行動。這時候，往往會出現兩類人：

一類人是只有願力，沒有目標和行動，改變的痛苦註定只有少數人才能承受，若等準備好了，有了力氣再行動，這跟吃飽了再減肥有什麼區別呢？

一類人有願力，但目標太多、太亂，每天忙得不可開交，可是很多事情都只做了表面功夫，沒有抓到根本，或者真正重要且困難的事情總是完成不了。

總之，這兩種情況都可以靠協同力來調整。那麼，在協同的過程中，一定要謹記以下兩點。

真正重要的事情只有一件

我創業的時候，很多人會告訴我很多事情都特別重要：

資本很重要，有了資本的助力，就脫離生死線了，你才能從容地做事情；

流量很重要，有源源不斷的流量到來，你才能持續做大做強，要麼你有一個會廣告宣傳的團隊，要麼你要學習如何通過內容獲得客群；

產品很重要，好產品才是王道，產品越精細越好，因為只有這樣，用戶才能足夠滿意；

團隊很重要，好的團隊才能把事情做成，好的團隊才不會累死創始人。

天哪，我聽完之後，完全暈了。如果這些事情我都能做到，那我一定不是一個初創公司了。於是，我不停地問自己，到底哪些事情是當下最重要的。思前想後，我終於想清楚了，找準用戶需求在第一年是最重要的，因為需求對了，才意味著我找到了一個好市場，我才可能把業務做得足夠大，才能引進好的團隊、好的資本，我也才有錢來買流量。

第一年，我沒有融資，也沒有做任何廣告投放，沒有找通路合作，沒有做品牌宣傳，我只專注做了一件事情：不斷地調整產品，驗證使用者的需求是否得到滿足。

因為我們的極度專注，創業的第一年，我的 7 人團隊（當然，這 7 人並不是當時市面上最屬害的大咖們）創造了 2000 萬元的收入。那一年的年會上，我告訴小夥伴，需求驗證成功是我們今年最大的成果，也是唯一的成果。

在開始做事情之前，我們一定要先想清楚，這個階段，我們最重要的目標是哪一個，一次只能鎖定一個目標，千萬不能貪心，不要這山望著那山高。尤其當你是一個創業者時，你的團隊還不夠大，資源也有限，就更不能眉毛鬍子一把抓了。

那麼，如何從眾多的目標裡找到最重要的目標？你要做的就是：**把所有你想做的事情都列出來，然後一項一項地對比，刪除那些不重要的，直到只剩下一個目標。**到現在為止，每次我和團隊一起開年度戰略會，我都會安排團隊成員每個人列出這一年自己應該做的事情，然後問他們一個問題：今年最重要的事情到底是什麼？我們反覆討論 3 天，決定哪幾件事情最重要，然後把這幾件事情列為我們的年度核心工作目標。

2
給重要的事情分配整塊的時間

《身為職場女性》（薩莉‧海格森，馬歇爾‧古德史密斯 著）一書中說到這樣一個觀點：女性的敏感度和同理心天生高於男性，她們就像每天都背著一個雷達在身上，可以同一時間掃描多件事情，但專注力會受影響，精力被分散太多。因此，在行動中，女性最重要的就是把目標簡單化，人就會自然而然地變得比較清爽，不會那麼迷茫和混亂。

沒錯，我要給你們的建議就是：給最重要的目標分配整塊的時間。**如果你想集中注意力，就要不停地對那些你期望完成的事情說：「是的，我喜歡你，我給你時間。」**讓這些事情占據你絕大部分工作時間，慢慢地，你會發現你變成了一個極度高效率和充滿激情的人。

作為公司的管理者，我時常會選擇一周中的某半天不去公司，特意把整塊時間用來專注地完成一件我認為本周最重要的事情，杜絕一切干擾。我特別喜歡深度工作的感覺，因為會進入一個心流的狀態，沉浸其中，非常高效率。

比如這次寫書，我知道這是我 2022 年最重要的一件事情，我告訴團隊：我需要「閉關」一段時間。於是，我買了機票，帶著一堆素材，從深圳跑到大理來，每天在洱海邊寫作。我的時間表是這麼安排的：

7:30 － 13:30，專注寫作；

13:30 － 16:00，吃中飯＋逛街＋睡覺；

16:00 － 20:00，繼續寫作。

就這樣，每天專注 10 個小時，平均每天產出 8000 字。就這樣，我在洱海邊待了不到一個月，完成了本書的初稿。很多人覺得工作的時候應該有所保留，免得「老闆賺了，自己虧了」。但是，你保留下來的才華只會因為你的私心成為一堆廢材，**因**

為只有那些能進入心流、不斷開發自己的人，才能一次又一次達到人生新高度，而那些省著用自己的人，只會變得越來越弱。就像遊戲高手，每一次戰鬥都會獲得升級，每次升級都會迎來更高階的自己。

如同《深度工作》（卡爾·紐波特著）這本書中的一句話：一個人的身體或大腦自覺努力完成某項艱難且有價值的工作過程中，達到極限時，往往是最優體驗發生的時候。

只要你找到自己的願力所在，並將其拆分成一個又一個小目標，再把目標拆解成可實施的行動，給自己專注的時間去完成單一的目標，並且用協同力協同整個過程。相信我，在實現自我價值的路上，你一定可以走得更遠，也會更快樂。

$ **本節小結論**

1. 我們最重要的目標是哪一個？一次只能鎖定一個目標，千萬不能貪心。

2. 把所有你想做的事情都列出來，然後一項一項地對比，刪除那些不重要的，直到只剩下一個目標。

3. 只有那些進入了心流、不斷開發自己的人，才能一次又一次達到人生新高度。

第 **5** 章

飛躍：
如何做出自己
的品牌

第一節	做好個人品牌， 10 倍放大你的潛在收益

 請你帶著這些問題閱讀

Q1. 計算一下，當下自己一天能賺多少錢？

Q2. 當給自己定個目標，當有了個人品牌，一天能賺多少錢？

Q3. 為了實現上面的目標，你最有可能打造的個人品牌是什麼？

有一個特別有趣的例子是這樣說的：男孩對女孩說："我是最棒的，我保證讓你幸福。"這叫推銷。

　　男孩對女孩說："我老爹有三間房子，跟了我，以後這些都是你的。"這叫促銷。

　　女孩並不認識男孩，但身邊所有人都對他誇讚不已："那個男孩太棒了，人品好，家世也好，誰要是嫁給他，簡直是有福了。"於是她有點想認識他。這叫個人品牌。

　　這一章，我要跟你分享創富路上的一個重要槓桿：打造個人品牌。記住，**自媒體時代最重要的生存法則就是：建立個人品牌，讓你的名字更值錢。**

　　在企業界，可口可樂的老闆曾經說過，就算有一天把可口可樂的工廠全部燒了，只要有"可口可樂"這個名字，我隨時可以東山再起。雲南白藥，這個中國雲南的本土企業，就憑著雲南白藥這個品牌建立了跌打損傷的膏藥、噴劑、OK 繃、牙膏等產品，打敗了很多老牌的國外企業。這是公司品牌的價值，品牌無疑是一家公司最重要的無形資產。

　　於個人而言，你的名字亦如是。珍惜你的名字，傳播你的名字，在這個時代，任何個體都可以擁有個人品牌。在我身邊，很多普通人因為打造個人品牌，收入有顯著的增長，當然如果你是一個比普通人厲害一點點的專業人士，那就更好了，個人品牌就是你專業最好的放大器。這就是個人品牌的魅力，如果你掌握了打造個人品牌的心法，一定可以 10 倍放大潛在收益。

專業是你的基礎，
個人品牌則是你的放大鏡

說起個人品牌你的第一反應是什麼？大部分人的反應，無非就是下面兩種：

第一種："那不是專家、大咖才有的嗎？像我這樣的普通人怎麼能做個人品牌呢？"

第二種："個人品牌不就是寫幾篇文章，一天到晚到處演講嗎？不用心做專業，搞故弄玄虛那一套……"

誠然，很多人對打造個人品牌並沒有建立正確的認知。

受"人怕出名豬怕肥"、"樹大招風"等各種思想的影響，再加上女性天生地喜歡低調，我曾經對個人品牌也不屑一顧，一度走了彎路。我用五年時間從普通 HR 打拼成為一家公司的人力資源副總裁，公司的業務很快被我梳順，每天上班兩個小時，一天的工作就做完了，下班回家吃完晚飯後還能看新聞節目。

於是，我決定出去發展一份副業。我找到了一位講師經紀人，想讓她幫忙介紹一些企業培訓的機會。畢竟我在理論上有博士學位支撐，又擔任過兩家上市公司的高級主管，有這專業背書在講課上還是很有優勢的。

結果，她看完我的簡歷後，漫不經心地說："根據你的簡歷來看，大概一天 2 萬元，但有沒有人找你就不知道了。"聽完她的話，我非常受打擊。

在我看來，我這樣的學霸，工作還做得這麼出色，不應該是企業主們都想要的大餅嗎？

看著我一副受挫的表情，她解釋："因為你沒有知名度啊，客戶不會點你的名。你看其他人，他不一定有你專業，學歷也不一定比你高，但是他有名啊，客戶說了非要他，他說：'檔期不行，加 20 萬'，'可以！'客戶馬上加 20 萬去請他。"

一番描述後我清醒過來，我第一次栽在了知名度上。那是我第一次意識到"個人品牌"的重要性。酒香也怕巷子深，實在不幸的是，這次我就是那瓶賣不出去的陳年老酒。

說到這裡，很多人應該和我一樣經歷過類似的打擊。

你去談客戶，明明你更專業，可是客戶先見了那個更有名的人；你去找工作，明明你更厲害，可是雇主先面試了那個圈內更有知名度的人；你想去創業，明明你更有經驗，可是資方把錢給了那個上過雜誌媒體的人。

這一切的背後不是你技不如人，只是因為"他比你有名"。我們真的甘心輸給比自己差的人嗎？並不甘心。

那一次見完經紀人後，我想，既然我已經錯失了好幾年做個人品牌的機會，現在我一定要趕緊想辦法了。於是，我開始出現在各種論壇上，從做一個聽眾到自己去演講、分享，各種磨練。後來，我又結識了一些自媒體圈子裡的名人，他們告訴了我如何經營自己的個人品牌。

受到他們的啟發，我開始做課程：我成為《奇葩說》說話節目團隊創作的課程"職場 B 計畫"的課程內容顧問；我與業內的前幾名網路合作做了一門講授升職加薪的課程，一夜之間成為這個行業的關注事件；我又獨自開發一門管理課程，借著當時知識付費的紅利，這門課程一夜就賣了 3 萬份。

課程賣爆了，我也在互聯網名師排行榜排到了第 23 名（我聽到這個消息的時候，都懷疑這個排名的客觀性，但是我真的一分廣告費也沒有付）。

這時候，終於有人來請我講課了。我隨便報了個價格："10 萬吧？"（反正我正好忙，並沒有檔期，就想著對方不同意就算了。）這次，對方一口就答應："好的，馬上轉帳。"

這一切恍然如夢，我還是那個我，什麼都沒有改變，就因為有了知名度，身價突然上漲，從一天 2 萬變成一天 10 萬， 我第一次被知名度的威力震撼了！

深刻學習了這門課之後，無論是在接下來的副業還是創業中，我都有意識地去做一件事情，就是打造個人品牌，也可以理解為打造個人影響力。當你有了個人品牌，你的個人影響力變得很大、能量和知名度比普通人高很多的時候，你會發現做事情也變得容易起來了。比如，我現在做的管理課程會比很多普通創業者速度快很多，正是因為我之前所累積下來的不錯的個人品牌。

當然，反觀我走過的彎路，你能看到我快速做出調整、打造個人品牌並因此收益，可是現實中很多女性，並沒有真正意識到打造個人品牌有多重要。

● **2** ●

儘早做個人品牌，
讓你的才華和財富相當

熟悉我的人都知道我很喜歡跑到大理去待著。有一次，我在大理遇到一位民宿女老闆，她簡直就是位才女，會彈古琴、會畫畫，書法造詣也很高，可以說琴棋書畫無一不通，藝術水準了得。住在她的民宿裡，我常常驚喜於充滿藝術之美的每個小角落。我滿眼崇拜地對她說："像你這麼'寶藏'的女老闆，真可以把個人品牌做起來，如此有才華的女子應該會有很多人喜歡，繼而提高你民宿的曝光率，生意肯定比現在好！"

我還沒說完，她慌忙擺手："不行不行，我這就是自己玩玩，離做個人品牌太遙遠了……"

於是，她的民宿一直做得不溫不火。後來，因為疫情，民宿很快就轉讓出去了。

每每路過那家民宿門口，我都忍不住嘆息。

據我觀察，很多女性都有這個問題，總是覺得自己不夠好、不夠完美、不夠大咖，因此總是沒有開始。這讓我想到，被稱為全球最成功的女性之一的臉書（Facebook）首席執行長謝麗爾·桑德伯格，在她所著的《向前一步》一書中提到了"冒牌者症候群"的觀點，她認為女性往往有能力卻自我懷疑，會覺得自己並不配得到現在的地位和角色。

作為一名資深的 HRVP（人力資源副總裁），在職場中我深刻地洞察到這一點：很多女性習慣於低估自己，沒有做到 100 分就不敢申請升職加薪，而男性往往不同，他們做到了 60 分就覺得自己可以當總經理。但在這個自媒體時代，名字與金錢可以畫等號的時代，"酒香不怕巷子深"的執念早已落伍。你若盛開，蝴蝶來是會來，但是隔壁家聚會太熱鬧，它就會湊熱鬧去了。

不是你一定要有多專業才會值錢，不是你工作做得好就能賺得多。專業是你的基礎，個人品牌則是你的放大鏡。**做好個人品牌，是 21 世紀工作生存法則。**

在我所帶過的員工裡，杉杉是一個特別勵志的小女生。

她是個 2000 年後出身的年輕人，在接觸我的網路課程的時候還是一個大三的學生。因為學會了個人品牌的打造方法，大四那一年，她全憑著自己的能力賺到了近 50 萬元。

怎麼做呢？她說："我誤打誤撞地做對了一件事情，那就是每天記錄，把網路生態用到極致。"

她堅持每天發 5 ～ 8 條朋友圈，一邊記錄日常生活，一邊記錄她對學習、工作和生活的思考。比如每天、每週、每個月的檢討，如果有很重要的事情，或者一些里程碑事件，她還會運用"預熱─進行─總結"模式發朋友圈：

"明天就要去參加 ××× 啦，這是我第一次參加這麼重要的活動，興奮到睡不著……"

"終於到會場了，見到了很優秀的 ××× 老師……"

"3 小時的活動終於結束了，今天我收穫了……"

每一天結束後，她還把今天的總結和思考寫進自己的粉絲專業裡。至今，她已經堅持日更粉絲專業 500 多天。就這樣，她通過朋友圈呈現了一個有思想、有目標，每天都很積極的大學生的形象。漸漸地，她吸引了很多同齡人，甚至很多比她年長的人都在關心這個小女生的成長。於是，她開始把這些人引導進她的陪伴群，開啟了社群分享模式。

她每天都會在群裡分享自己的感悟，分享有價值的內容，給粉絲們有溫度、有品質的陪伴。

她還做起了自己的短影音，比如 "一年前的我和一年後的我"、"一個普通女孩的 10 年"、"我在 '媽媽不煩' 的里程碑" 等等。她用短影音的方式記錄和展現自己變厲害的過程，講述自己身上那些不懈努力的故事。

還有，她堅持每天早上 6 點直播，把她學習到的商業知識、她所看的書、她的感悟都分享出來。每天雷打不動地播，播完之後，又把直播內容的文字稿發到網路上。

日復一日，她的網路好友數不斷增加，陪伴群數量在增長，知道杉杉的人也越來越多。她就靠用心服務這些喜歡她的人、陪著這些人讀書、學習，靠帶貨、做諮詢……最後，這個從農村出來的 21 歲的小女生，幫家裡建了房子、還了貸款，總計賺了 40 多萬元。

就在今天，她高興地跟我說，她生日那天直播間的商品交易總額（GMV）突破了 2 萬元，並且還把自己的檢討過程發到了網路、社群和朋友圈。

你看，杉杉只做了一件事情，那就是堅持記錄"一個普通人如何奮鬥"，個人品牌所帶來的能量卻遠遠超乎她的想像。在這個過程中，她一邊累積自己的才華，一邊經營自己的個人品牌。最後，她的才華、財富終於相當了。

很多人總是想等自己厲害了才開始，但其實，你開始了就會變厲害。如果你要做個人品牌，不是等待最佳時機，而是明天，不，今天，今天就開始。此時此刻就是最好的時機。

3
個人品牌的本質是
創造用戶心智差異點

在打造個人品牌的重要性上達成共識後，接下來我們一起來深入瞭解什麼是個人品牌。

我們首先明確一個概念：個人品牌和所有的公司品牌一樣，核心的商業邏輯都是創造使用者心智差異點。

我們來看看，可口可樂和百事可樂這兩個品牌有沒有差異點？看到可口可樂你會想到什麼？可樂中的經典對不對？看到百事可樂你會想到什麼？"把愛帶回家"的廣告語、一家人歡樂過年的畫面？這就是兩個品牌的差異點，這就是它們搶佔了你的心智的表現。孫子云"先勝而後求戰"，品牌的戰略正是如此。產品的勝負在於搶佔客戶的心智而非市場。同理，個人品牌和公司品牌一樣，一定要創造用戶的差異化心智。

那麼，我所創造的差異化心智是什麼？我是教媽媽聽得懂的商業模式，跟其他商業課堂的老師相比，這就是我的差異點。還可以怎麼理解呢？

比如說：

同樣是銷售，銷售 A 的情感比較細膩，很容易感知用戶的心理變化，讓人覺得跟她溝通起來很舒服，你是不是會優先選擇這樣的銷售，尤其是有情緒問題的時候？

銷售 B 很善於管教孩子，如果你是個特別注重教育的人，當你找她聊一些育兒話題時，你是不是會優先選擇購買她的產品？

銷售 C 經常把自己裝扮得很漂亮，那她所吸引的用戶必然是想跟她一起研究時尚、穿搭、怎麼精緻生活的一群人。而這類客戶會更願意找她下單。

產品可以相同，職位可以相同，用戶卻會因為不同的理由而喜歡你，因為不同的理由選擇相信你、找你下單，這就是用

戶心智的差異點，它代表的是消費的差異化。

因此，擁有個人品牌的人更容易得到他人的信服，從而吸引客戶主動成交。相比沒有個人品牌的人，有個人品牌的人的消費引導權要更大。

我們在前面講過，商業的本質是創造價值和交換價值，要麼你能夠創造價值，要麼你能夠提高價值交換的效率。那麼，在上述的例子中，當個人品牌有了差異點之後，更多人被吸引而主動成交，那交換價值的效率是不是變得更高了？是不是就帶來了商業效率？這就是個人品牌商業模式的本質。

試想，當你有了知名度，你就可以獲得更多的資源，有了新資源是不是會幫助你獲得更大的成果？這個成果又會幫助你放大個人品牌，接著你又獲得更多的資源，資源又撬動更大的成果……在這循環的過程中，你的收入、品牌、成果不斷變大，

你的財富是不是就變得越來越多？這就是商業的魅力！這整套循環的模式我稱之為財富飛輪，正是我為網路課程學員們設計的商業模式。

當我把個人品牌的方法論總結下來教給了很多學員後，在網路課程平台裡，有人從職場上的透明人變成了暢銷書作家；有人從沒有一個粉絲的素人媽媽，到現在粉絲上萬，在家一邊帶孩子一邊直播也能穩定月收入過萬；有的人創業無人問津，

一個人活成一家公司仍然入不敷出，擁有個人品牌之後，很多行業的大咖都主動來找她合作⋯⋯這就是個人品牌的力量。

相信我，不管你在什麼行業從事什麼職業，**不管你處在人生哪個階段，通過個人品牌這個槓桿，很容易讓你的收入翻 10 倍。**

個人品牌是通往財富世界的一個重要通道，藉由這個通道，你會發現你的賺錢之路寬了很多。**專業能力只決定起點高低，思維方式卻定義進階快慢！**一旦成功打造了個人品牌，你會看到更大的世界。

$ 本節小結論

1. 專業是你的基礎，個人品牌就是你的放大鏡。

2. 每個品牌都有區別於其他品牌的差異點，個人品牌也一樣，要在用戶中創造心智差異點。

3. 當個人品牌有了區別於其他個人品牌的差異點之後，你就會發現，價值交換的效率變得更高了。

第二節

小白也可以做個人品牌嗎

 請你帶著這些問題閱讀

Q1. 想想自己有沒有可以跟大家分享的痛點？

Q2. 想想平時大家來找你，都是因為你自己哪個點比較突出？

Q3. 想想跟自己有一樣痛點的人，都活躍在哪裡？

很多人會覺得個人品牌只屬於那些專業好、能力強且獲得了成果的人，沒有任何優點的普通人，怎麼做個人品牌呢？說到 IP，大部分人都會聯想到電影、電視、小說、明星、網紅，但其實，這是一個素人可以成為 IP 的最好時代。越是普通人，越能代表和吸引普通人，越能給其他人以人生希望。

具體怎麼做呢？送你一句話：**凡是讓你感到煩惱和痛苦的事情，都是你做個人品牌發家致富的好機會**。個人品牌也可以屬於那些本身就很普通、很煩惱、很痛苦的人，正因為他們的真實，才會吸引大家，他們的定位就是"一個奮鬥中的普通人"。

社交平台有很多減肥博主就是這麼做起來的。她們的名字往往叫"某某某的減肥日記"、"某某某在減肥"、"某某某要瘦 50 斤"……她們通常會用短影片或者圖文來記錄自己的減肥過程，內容的主題往往是這樣的：

"102 公斤的我長這樣……"

"102 公斤胖子減肥第 48 天，我快 84 公斤啦"

"已瘦 19 公斤，分享一個減肥神器"

"已瘦 21 公斤，減脂女孩把奶茶換成它"

"已瘦 24 公斤，教你一個動作瘦全身"

每個影音她們都會記錄上秤和運動的過程以及減重前後的對比。從一開始的無人問津，到漸漸有三三兩兩網友在評論區留言鼓勵，再到很多人都想要參與進來，最後好多人都被她們減肥前後的對比吸引。她們就是這樣一邊減肥，一邊漲粉。後來，她們就開始接廣告，做直播帶貨，慢慢就有了收入。網路上有一個名字叫"唐寶要瘦 51 公斤"的普通媽媽，6 場直播賺了 4.7 萬元。

　　法國文學家雨果曾經說過："真實之中有偉大，偉大之中有真實。"並非要活成女企業家董明珠那樣，才叫作個人品牌，普通女性也完全可以擁有自己的個人品牌。在日常生活裡，讓平凡而有力量的你被看見，給人以值得信賴的感覺，讓別人看到獨一無二的你，閃閃發光的你，你的個人品牌不就是在慢慢建立嗎？所以，對於素人來講，打造個人品牌也是有路徑可依循的。

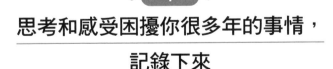

1

思考和感受困擾你很多年的事情，
記錄下來

　　這一步是發現和記錄下來你現在的狀態，可以用文字、影音和圖片的方式把你的現狀真實地記錄下來。

比如說我是一個大胖子，我沒有任何優點。那我要記錄下來我胖的樣子，首先我要拍 100 張照片，其次我還可以記錄因為我胖談戀愛分手、面試被拒絕、被嘲笑、被別人歧視的各種悲傷的經歷。

再比如，我只是職場上的一個小白，能力特別差，還總被老闆和同事嫌棄，那我也可以記錄下來啊。怎麼記錄呢？《吐槽大會》這檔脫口秀裡，何廣智自嘲的方式肯定能給你一些靈感，比如他說："我特別擅長吃愛情的苦，那是我的舒適區！"、"我穿著品牌的衣服去購物，結果被當成了店員！"、"還好我窮，這樣就可以讓大家忽略我醜的這個事實了！"……他總是會拿自己的長相、窮、窘迫來講笑話，講的也都是生活上的小故事，效果卻意外地好，大家都喜歡上了這個"長得很隨便"的普通人。

有沒有覺得自己太胖的？有沒有覺得自己太窮的？有沒有覺得自己太醜的？有沒有覺得夫妻關係不太好的？有沒有覺得孩子不夠優秀的？……每個人都有自己的痛點。你看，素人不也可以做個人品牌了嗎？而且很有優勢。因為在這個世界上，還是普通人居多。有著同樣的背景和處境，有著同樣的痛苦和問題，讓大家知道你和他們一樣。然後告訴他們："我有一套已經驗證過真實有效的方法，只要你跟著我一起學習，就可以像我一樣完成蛻變……"一路下來，你的個人品牌是不是就建立起來了？

所以，找到你的痛點，並記錄下來，好的標籤和定位能夠幫助你更好地講述你的個人品牌故事。

· 2 ·

努力改變，並把過程中的亮點
用影音和文字的形式記錄下來

既然你已經有一個如此痛苦的煩惱，那麼是不是應該針對這個痛點做一點點努力呢？接下來思考：我要開始改變什麼？再把自己改變的點點滴滴記錄下來，讓大家見證這個變化過程。

上一節，我寫到的杉杉就是這樣一個案例。她就認真做了一件事情，那就是堅持記錄和輸出，個人品牌所帶來的能量卻遠遠超乎她的想像。所以，找到你的標籤，並堅持記錄。

我的社交平台上有個女生，每天發幾次朋友圈，還都是廣告，但我從沒動過刪除她的念頭，反倒從不錯過她的分享。烘焙課結束了，有自己的店鋪了，店鋪有名字了，今日推薦紅絲絨蛋糕，明日宣傳肉鬆捲，節日爆單忙到通宵，開始有固定客戶了，開始會員制了，開始給辦公樓送下午茶套餐了……三年間，就像在看一本故事書，主人公從一個初出茅廬的女青年，成長為一個事業成功的女老闆，靠的只是一雙手的打拼，讓人看得過癮。

值得注意的是，你自己必須成長，向那個你定下的標籤努力。如果有人因為你的任何一個分享受到了觸動，如果你開始吸引身邊的人，就說明你真的在變得更厲害，這就是個人品牌在一點一滴累積的過程。請記住，剛開始分享的時候你的內容不一定很好，也不一定有人關注，但請持續輸出你的內容，一邊成長，一邊記錄，一邊分享，自然會一步一步吸引來同頻率的人。在這個過程中，不斷優化內容，不斷記錄，讓大家見證你的成長歷程。你在種樹，就不要著急摘果子。相信時間的力量，你會收穫個人品牌和更好的自己。

3

把方法轉化成分享內容：
短影音、直播、課程等

當你的經驗、案例足夠多的時候，就可以總結出一套方法，這套方法得是關鍵的、可以大量複製的、能夠幫助別人的。接下來，你就可以把你的方法做成朋友圈內容、做成短影音、做成課程，甚至直播分享出去。

比如四川有一位全職媽媽，叫安安。每天早上她把孩子送到學校，等到下午 4 點再去接孩子放學，那中間這段時間還能做點什麼呢？喜歡做美食，那就做雞爪吧！於是，她就在家研究做雞爪，做好了還可以出去擺擺攤賺點生活費。漸漸地，越來越多人喜歡她的雞爪，學習過商業課程的閨蜜就建議她，為什麼不開一個做雞爪的課程，教更多和你一樣的全職媽媽呢？於是，她開辦了"爆款雞爪訓練營"，7 天課程，每人 99 元。她還開設了"美味變現線下課"，每位學員 5980 元，不僅教你做各種美食，還教你賺錢。自此，她不僅可以賣雞爪，可以賣手藝，還可以賣自己的經驗和方法，從零收入的全職媽媽成為月入 2 萬元的全職媽媽。

除了安安，還有很多人都在把自己的內容以各種形式分享出去。

比如辭去大學老師工作的全職媽媽南南，把自己的專業和知識以直播的形式分享出去，並且記錄自己從小白到堅持完成 100 場直播的蛻變過程。而且，由於她的直播內容品質非常好，她把 100 場直播的短影音和資料整理好，賣給有需要的企業和個人，收入跟做大學老師時相比翻了一倍。

比如某老師是有著 20 年從業經驗的心理學講師，她利用心理學專業打造個人品牌，不僅錄製了自己的課程，還開展了線上訓練營，將課程和社群結合，從而獲取流量，實現變現金的願望。

當然，還有我，我曾經把自己的人生故事拍成一條短影音，在我的社交平台上傳後，播放量超 1400 萬次。如果你想要打造帶人設的爆款短影音腳本，在我的社交平台上也能找到方法。

這裡要記得，**無論是直播、短影音、課程、訓練營，還是其他形式的分享，我們要多分享故事，因為故事更能吸引人、連結人、打動人，它的效果遠勝於單純地講道理。**一流品牌講故事，二流品牌賣產品。今天講出的故事，會變成明天傳播的價值。

4
思考跟你有一樣需求的人活躍在哪裡

當你有了故事、素材、方法後，接下來你就可以去找客戶了。很重要的一點就是：思考跟你有一樣需求的人活躍在哪裡？

主動去尋找有需求的人。

比如胖子在哪裡，他們肯定在各大減肥群裡；那些不快樂的人在哪裡，他們肯定在各大吐槽群裡；那些愛學習的人在哪裡，他們肯定在各大學習主題的群裡。主動找到有這樣需求的人們活躍的社群，然後去分享你的課程、你的文章、你的影音、你的直播，讓平台的力量再幫你放大人群，最後變成現金，這是不是就形成了一個封閉循環系統？在解決了大家問題的同時，你的個人品牌也就建立起來了。

在網路課程裡有一位做純素烘焙的學員，叫素心。她是有著 8 年從業經驗的烘焙人，和先生經營著一家純素烘焙店。

當初在獲取流量上，他們都做出了正確的決定，那就是製作烘焙課程的短影音發佈到網路上，從而獲得客源。可是，網路平台那麼多，選擇哪個平台分享呢？於是素心思考：我的產品主要吸引的應該是熱愛生活的一群人，他們熱愛生活肯定也喜歡分享生活，而我要讓他們喜歡上我做的小甜點，甚至對烘焙感興趣……那我就應該去一個用戶喜歡分享美好生活的平台給他們 "種草"（引誘購買之意）。那麼，哪個平台更適合 "種草" 呢？經過她對現在正熱門的幾大平台和自家客戶的深度研究之後，最後選擇了知名社交平台。

事實證明她的選擇是正確的，6 個月時間裡，她更新了 20

條短影音，在知名社交平台漲粉量高達 1.3 萬。之後，她把知名社交平台的粉絲引流到自己的社交平台，最後實現變現金的夢想。

持續分享好的內容，使用者自己會來找你的。所以，即使你是小白，也可以打造個人品牌，勇敢去做吧！

 本節小結論

1. 凡是讓你感到煩惱和痛苦的事情，都是你做個人品牌發家致富的好機會。
2. 個人品牌真實，才會吸引大家。
3. 總結出你的經驗，把它做成朋友圈內容、短影音、課程等，或通過直播分享出去。

第三節

女人，願你勇敢成爲百行百業的引領者

 請你帶著這些問題閱讀

Q1. 作為職場媽媽的你，如何打造職場能見度，不做職場透明人？

Q2. 作為創業媽媽的你，可以制定怎樣的計畫以成為公司產品代理人？

Q3. 作為全職媽媽的你，如何提煉出你在生活方式上獨到的心得？

很多媽媽們走進我的網路商學院學習打造個人品牌的方法，可是每每講到定位，總是非常糾結，一糾結，這事一年一年就被耽誤了。其實，每個人都是在不斷輸出的過程中逐漸找準了自己的獨特定位，只要你在每一個細分方向上深耕，持續輸出，對某一類人產生了影響，你就是一個好的 IP 人物。

這一節，我想跟你們分享兩個非常適合普通媽媽的個人品牌策略。**第一個個人品牌策略：成為專業引領者**。這個特別適合有一技之長的職業人士、創業者。耐心地輸出內容，影響行業內、專業內的每個人，這是專業引領者所要思考的課題。**第二個個人品牌策略：成為美好生活方式代言人**。這個特別適合熱愛生活並樂於傳播美好生活方式的全職媽媽們。

下面我們將詳細講解這兩個個人品牌策略。

個人品牌策略 1

成為專業引領者

成為專業引領者，這不僅適合專業的職場媽媽，也適合創業媽媽。但是在這裡，我並不想再告訴大家如何提高專業知識，因為我知道大家在專業方面足夠優秀。我想說的是，對於專業的女性群體來說，**不論你是身處職場，還是鏖戰創業江湖，都一定要提高自己的"能見度"**，這往往是女性天生的軟肋，也是我這個資深 HR 發自肺腑想提醒媽媽們務必要注意的。

（1）職業能見度是職場媽媽重要的職場槓桿

當年，我在做人力資源副總裁的時候，公司的人如果想晉升中層，就必須通過晉升答辯。

如果一個人在答辯時，大家對他的印象是這樣：嗯，我聽說過這個人、我知道這個人、這個人在某個事情上表現很突出……答辯的氛圍明顯會輕鬆很多，這個人晉升的概率也會大很多。

但如果遇到一個我從來沒聽說過的人，其他領導也不認識，大家就會想：這個人是誰……這個人在答辯過程中就會被提問更多，對於是否提拔他，大家會反覆討論和推敲，他晉升的概率會明顯小很多。

在職場當中，有多少人能看到你；有多少人說起你的時候會說"他呀，我知道"、"我聽說過"、"我看見過"……這都涉及職場能見度。職場能見度，是職場媽媽重要的職場槓桿，它也可以理解為一個人的職場影響力。在職場中，提高職場能見度是打造個人品牌很重要的一部分。

我的網路課程裡有一位律師，她剛來上課的時候都不敢說話，在社群中也不會跟其他人互動。據她所說，她在律師事務所裡也是個透明人。學習了直播短影音課程後，好在她堅持創作，輸出了大量法律相關的小知識和案例解析的影片，還開了直播。每次發佈短影音或者開播前後，她也按照要求給身邊人發了預告和連結，提醒大家關注她的影音平台。不久後，她竟然衝上了短影音平台律師排行榜第 21 名。她的老闆和同事都震驚了，很快，她就獲得了升職加薪的機會，成為他們律師事務所最年輕的合夥人之一。

從一個透明人到驚豔所有人的職場黑馬，她靠的就是逐漸提高職場能見度。根據美國某知名顧問公司的研究，一個人在職場中升職加薪的關鍵包括 PIE 三大要素，而三者對升職加薪的影響占比可能會顛覆你的想像。P（Perfomance）代表的是專業表現，也就是你的專業能力的呈現，對升職加薪只有 10% 的影響。I（Image）代表的是個人形象。這裡不是說長得好不好看，而是你的專業能力呈現出來的狀態如何，這是你的專業形象，這點對升職加薪有 30% 的影響。E（Exposure）代表的是職場能見度，就是你能不能被別人看見，這點對升職加薪有 60% 的影響。

天哪，是不是覺得和你想像中完全不一樣？職場能見度和個人形象的重要性遠遠超過了專業表現。

（2）個人能見度是創業媽媽非常重要的資產和護城河

這份"能見度"在創業者領域就叫"個人能見度"。個人能見度對創業者非常關鍵，因為創始人的 IP 是一家公司非常重要的資產和護城河。

為什麼格力空調不花錢請明星代言，而是董明珠董事長自己代言？因為他們深信，自己為自己的產品代言比所有明星代言更有說服力。一家公司的產品資料、市場占有率、營收規模，這些只能代表企業的硬實力，但這些不是有血有肉的。很大程度上，創始人就是一個公司的化身，是很重要的代言人。別人記住了你的名字之後，你就是這個公司的最佳代言人。很多時候只有創始人才能表達出這個公司真正的價值觀、企業精神和文化，還有專業度。

所以，如果企業創始人做個人品牌，可以把自己定位為行業專家，這樣可以對產品有很好的加分，在對外的交流與溝通中就更容易獲得信任。

我的網路課程平台全國用戶量近 50 萬，從未花過一分廣告費，很大一部分原因是受益於我的個人品牌。我定位自己為一個女性商業導師，於是我可以為我的網路課程平台獲得大量精準的女性用戶，我會為我的網路課程平台獲得最好的社會資源。高品質的創始人個人品牌，是一家公司最好的社交資本，是一家公司最省錢的行銷方式。

有一個在親子閱讀領域深耕了 10 年的媽媽，叫陶小艾，她被評為金牌閱讀推廣人，曾經與電視台主持人樊登老師同台領過獎。但是，她一度只是悶頭開繪本館，苦苦堅持 5 年後，以虧損近百萬而告終。後來，她開始調整策略——打造個人品牌，從閱讀推廣人的標籤升級為繪本創業導師。這個定位調整後，吸引來了大量同行業者。她本身就足夠專業，加上以導師的身份去服務更多人後，更是引來大量的社會資源。她現在單場直播最高創造收入紀錄是 25 萬元。

如她所說："我辛苦一年才賺到 20 萬元，如今一場直播就拿到了一年的創造收入。"

你看，方法用對，創業的路其實可以走得更輕鬆。

• 個人品牌策略 2 •

成為美好生活方式代言人

還有一種很好的個人品牌策略，非常適合媽媽們，尤其是全職媽媽或者以展現美好生活為主的創業者們，那就是讓自己成為美好生活方式代言人。具體來說，就是提煉出你在生活方式上獨到的心得，並將它傳播出去。

這個方式相對來講很適合女性，因為如果你開一家公司，既辛苦又很難平衡好家庭和事業，而如果成為美好生活方式代言人，你的狀態不僅會變得更好，而且你在展現自我的同時還可以賺到錢，高度地把自我、生活和賺錢這幾件事情融合在一起，這對女性來講是非常棒的一件事情。

要記住，你的生活方式價值百萬。每個人都可以擁有自己的個人品牌，為自己的美好生活方式代言。

法贊是我的網路課程社群中最早的一批小夥伴之一，一位忠實的素食主義者。當年為了照顧剛剛出生的女兒，她從國企辭職，和夥伴開了一家素食餐廳，最後卻因為經營問題虧了 100 多萬元。當她知道美好生活方式代言人這個策略後，她以素食媽媽、健康社群為核心，找到了做素食生活的引領者的定位，她不再高高在上地教育客戶要吃素，而是利用輕鬆美好的生活方式吸引關注，讓用戶願意體驗，一步一步帶著用戶走，做她半步之遙的閨蜜。

她開始做自媒體，專注線上健康生活社群，陪伴媽媽學習成長，粉絲量從 1 到 100，再到 1000……漸漸地，她還建立了有機健康食材商城，2020～2021 年，通過自媒體社群電商營收超 1000 萬元。

不是每個女性都可以把這條路走得這麼成功，但她的例子無疑是"美好生活方式代言人"這個策略真實有效的例證。

怎樣成為一個美好生活方式代言人呢？法則特別重要，就是將你的個人品牌濃縮成個人標籤去傳播。

你會發現，當你了解一個人的時候，往往會去找他身上的標籤，有時候是一個，有時候是幾個。但是要注意，個人標籤越聚焦越好，要讓你的用戶能很準確地知道你是誰，你能幫到他什麼。只要是自己喜歡的、認可的、肯定的，就能成為自己個人品牌的立足點。然後思考：我可以傳遞的價值或者我現在的優勢是什麼？能夠解決他人的什麼問題？從這一個點出發，找到適合自己的方式，同時還要設計變現金的路徑。

那麼，美好生活方式代言人都有哪些方向呢？

如果你擅長做美食，就可以做美食代言人、"吃貨"代言人。

比如芝潤媽媽，她很喜歡做飯，於是她堅持製作美食影音2年，在某影音平台積累了260萬粉絲，另一個影音平台積累了86萬粉絲，再帶貨廚具、餐具、食品，一年創造收入100多萬元。

比如紫蘇姑娘，她在山裡自己種糧食，同樣做美食短影音分享到影音平台，拍得跟李子柒的影音一樣美。她展示出來美好生活，自然吸引了大家來消費。才一個月，影音平台、網路商店已經運轉起來了，影音平台每天漲粉50人。

如果你愛讀書，你就做閱讀方面的代言人。

比如高高，她喜歡讀書，於是每天堅持 4 點起床，5 ～ 7 點在直播間給大家讀書，至今已經直播了 260 多場，粉絲突破萬人，甚至通過讀書變換成現金 27 萬元。

如果你喜歡養花種菜，那你就可以做這方面的代言人。

如果你喜歡養生，你就做養生方面的代言人。

比如蘇蘇，因為自己生病之後開始吃素，身體好了之後，她開始做中醫養生方面的傳播者，現在也開始變換成現金了。

還有，如果你喜歡旅遊，你可以成為一個旅行達人，馬蜂窩上的頂級旅行達人甚至做到了年入千萬元。

試著想一想，如果有一天每個媽媽都能把自己的生活過得精彩無比，再靠分享自己的生活，展現美好生活為生，想想就很美好，不是嗎？我們不要成為產品的奴隸，而是要成為美好生活的代言人。**呈現自己認可的生活方式，當你自己內心越來越富足，過得越來越好的時候，總會吸引到很多同頻率的、願意去嘗試的人。**人生最美好的事，莫過於你喜歡做的事情，碰巧你也很擅長。

如果我們把個人品牌當作一個圓，那其中的圓心，就是我們的初心。做個人品牌一定要想我要幫誰解決什麼問題，我為什麼要去做這個事情。沒有內容和價值輸出的個人品牌都是偽品牌，不具有任何成長性。你要有價值地輸出，要為世界創造價值，你要做一個給予者，這樣這個圈才能推出去。

　　傳播靠口口相傳，最終是人們都在介紹你。當你擁有了品牌，擁有了口碑，別人都在幫你傳播的時候，你就可以一次一次破圈。

　　不論你是專業人士，還是生活達人，不論你在職場之中，還是在創業，抑或是全職狀態中，運用好個人品牌的兩大策略，專業人士或美好生活方式代言人總有一個適合你，願你勇敢成為百行百業的引領者，用成長各自書寫屬於自己的女王故事。

 本節小結論

1. 每個人都是在不斷輸出的過程中逐漸找準了自己的獨特定位。

2. "能見度"是專業的職場媽媽和創業媽媽重要的個人品牌槓桿。

3. 成為美好生活方式代言人的關鍵就是將你的個人品牌濃縮成個人標籤去傳播。

第 **6** 章

與其單打獨鬥，
不如借力前行

第
一
節

做一個在餐桌上
周全體貼的人，
根本不是人脈的核心

 請你帶著這些問題閱讀

Q1. 之前你對人脈的理解是什麼？

Q2. 現在你對人脈有什麼新的認知？

?

我剛入職場的時候，跟很多人一樣，在建立人脈圈這件事情上走過不少彎路。

　　印象特別深的一次是，我針對公司的招人困難這個問題提了很多建議，但是根本沒人願意聽我的，更別說配合了。畢竟是職場新人，人微言輕也是常有的事情。

　　怎麼辦呢？先跟大家搞好關係吧！於是，自己做東邀請了一些同事一起吃飯喝酒。結果飯局上別人什麼事兒沒有，我卻把自己喝吐了，醉後一系列不合時宜的表現讓場面一度非常尷尬。

　　最後，不僅事情沒辦成，還給同事留下了特別糟糕的印象。

　　這條路是行不通了，怎麼辦呢？我琢磨了好久後，只做了一件事情就扭轉了局面。

　　我在公司裡主動提出要給大家做一個招聘趨勢分享會。我說，如果我們想招到優秀的人，我們不僅要做伯樂，還要知道千里馬在哪吃草。這麼一說很多人來了興趣。我又接著說，我來和你們分享目前哪些管道可以找到適合我們公司的人，我們需要共同完成哪些工作。

　　經過這一次分享後，同事們對我的專業能力開始有點服氣了，他們大概沒有想到酒桌上那麼差勁的小女生居然說起專業來這麼頭頭是道。漸漸地，大家開始支援和配合我的工作。而我，正是在這家公司完成了從普通員工到人力資源總監的晉升，薪資 3 年內翻了近 4 倍。

說到人脈，你是不是也和當初的我一樣，似乎我們已經對這個主題有了很多大眾慣有的認知，比如：

人脈不就是多約人吃飯、多喝酒嗎？開門、拎包、倒茶，只要你足夠真誠，總有人信你的。

人脈不就是要能言善道、情商高、禮儀好、見識多嗎？去學習紅酒、搞茶藝，有錢的話打高爾夫，總能認識高端人士。

人脈不就是比誰社交平台上好友多嗎？要想增加人脈，去參加各種活動呀，逢人就加網路連絡方式、合影，再說一句“以後常聯繫”，這樣就可以啦。

剛開始我也是這樣想的，所以我一度很反感“人情文化”。後來讀博士期間，我受到國家留學基金會資助，到美國深造，我的博士論文課題剛好是社會網路理論。簡單來說，就是研究人和人之間的社會關係。在這個領域，我看到社會關係的重要意義。斯坦福大學曾做過一個調查研究，結論是：一個人賺的錢 12.5% 來自知識，87.5% 來自人脈。而我們和處在世界任何一個角落的陌生人之間所間隔的人不會超過 6 個。你最多通過 6 個人就能夠認識他們，與之搭上關係。這裡的“他們”包括任何人，比如你喜歡的明星、政治人物、企業家。

當我意識到社會關係如此重要時，我不得不重新認真思考：人脈經營的核心到底是什麼？隨著後來我對社會網路理論的研究越來越深入，我開始明白了什麼才是社會網路核心，再加上多年職場和創業經驗，我非常肯定：能言善道，做一個在飯桌上周全體貼的人，根本不是獲得人脈的核心。

 **本節小結論**

能言善道，做一個在飯桌上周全體貼的人，根本不是獲得人脈的核心。

做朋友是遠遠不夠的

 請你帶著這些問題閱讀

Q1. 怎樣才能獲得優質人脈？

Q2. 在社交中是否有必要給自己貼上明確的標籤？

我的美國導師諾希爾‧康特 (Noshir Contractor) 教授曾經做過一個關於優質人脈如何獲取資訊的研究課題，這個研究的結論非常經典：一個人社交技能再好，我們獲得對方資訊的成功率最多只有 14.4%，但如果加上你們對彼此專業的感知和認同、雙方之間互換價值，你的成功率可以提高到 85.1%。

也就是說，想獲得優質人脈，**有 3 個關鍵影響因素：社交溝通、專業優勢、社會交換價值。**

社交溝通，你可以理解為雙方溝通的技巧（包括我們常說的社交禮儀）；

專業優勢，即你的專業能力，以及你理解對方專業的能力；

社會交換價值，即你們能夠給對方提供的利益交換價值，包括合作、聯盟等。

在這個理論的基礎上，我把人脈分為 3 個版本，為了幫助大家更好地理解不同版本，我將對應不同身份進行了疊加，因為每個版本是不斷升級和遞進的。

（1）人脈的 1.0 版本：

成為朋友，這裡對應的是社交溝通因素。這個版本的人脈還停留在社交溝通層面。不可否認的是，成為朋友是信任的基礎，但社交溝通只是人脈建構的基礎，如果對人脈的認知只停留在這個層面，那人脈不會起到特別大的作用，畢竟這點與成功取得資訊只有 14.4% 的關聯性，這屬於淺層次的人脈。很多人認為多吃飯喝酒、多送禮就可以獲得人脈，甚至把人脈與厚黑學聯繫在一起，這完全是顛倒了。

說到這裡，我想起一個有趣的經歷。

曾經有個陌生人衝進我的辦公室，想要代理我的網路平台課程。他一進辦公室就侃侃而談，完全不給我插話的機會，對線上教育評頭論足、深表不滿。他腰間繫著一條金光閃閃的皮帶，手上戴著一枚粗粗的金戒指。（我不以貌取人，畢竟我也長得不好看，但是看見他的打扮，我確實分神了……）大概說了 10 分鐘後，我忍不住問："那您找我是希望我做什麼呢？"他用帶著金戒指的那個手指指著我說："我可以讓你紅遍中國。"我實在忍不下去，非常"有禮貌"地把他請出了我的辦公室。

這就是社交溝通的價值，一個人如果連基本禮儀都沒有，是很難吸引到合作方的。如果你們連朋友都沒得做，就更別提合作了。當然，並不是做到了有禮貌、好溝通，成為朋友，就可以拿到合作機會 。

（2）人脈的 2.0 版本：

朋友 + 專家，這裡對應的是社交溝通和專業優勢的因素。

這個版本就是在朋友的基礎上升級了，也就是你自己要成為專家，要不斷地積累和輸出自己的價值，建立自己的核心專業優勢，這樣就能提高找到或者吸引你需要的人和需要你的人，以及建立能夠產生價值的精準人脈的可能性。

只有你成為高手，才能夠吸引高手。同時還有一點：你要理解對方的專業。注意：你不需要是這個專業的專家，但你要有理解對方專業的能力。

舉個例子，經常有人來找我請教新的商業模式，有些人一聽到流量，就問："這是什麼呀？"我解釋了一遍，對方還是聽不懂，馬上我就興趣大減，不想交流了。但是如果遇到一個小夥伴，雖然外行，但一聽就能舉一反三，我就想多分享一些內容給對方。這就是專業同頻帶來的分享欲，高手之間的惺惺相惜，"雖然我們素不相識，但是我知道你懂我"，這是一種多麼強大的力量。

你在他人心目中，到 2.0 版本，已經很不錯了。你自己是某領域的專業人士，且你能與對方探討他所在領域的專業內容，你們的社交層次就比僅僅是朋友好了很多，未來有機會，你們很大可能會選擇與對方合作。

（3）人脈的 3.0 版本：

朋友 + 專家 + 盟友，這裡對應的是社交溝通、專業優勢和社會價值交換的因素。

低版本的人脈是單一的，高版本的人脈是多重的、高品質的。在這個 3.0 版本的人脈中，也就是在溝通和有專業優勢的基礎上，如果你還總能為他人提供對方所需要的可交換的價值，這時這個人脈才能真正發揮重大作用。

換句話說，當你們的關係成為"朋友 + 專家 + 盟友"的三重身份的時候，這才是真正的高品質的人脈。僅僅在朋友身份上疊加兩個深層次的身份：專家 + 盟友，你換取資訊的成功率就可以一下子上升到 85.1%。

這裡又用到殷雯的例子了。

與殷雯相識之初，我是一家上市公司的人力資源副總裁，她在某公司負責團險業務。當時，她的下屬找到了我，希望我們公司購買他們的保險業務。因為要討論合作細節，我見到了殷雯。

很快，在這段合作的關係中，我們知道了彼此的專業水準，也為彼此的個性互相吸引。我們一起吐槽老公、一起旅行，時不時聚會閒扯一番，也能一起交流對方專業領域的問題。

此後，我有醫療或者銷售領域內的問題會經常找她，她有了管理和人力資源問題，也經常找我。於是，我們互相成了對方2.0版本的人脈，即"好友＋專家"的關係。

後來，我開始創業時常找她請教銷售板塊的業務問題，從請教到邀請她給公司做特約專家，再到讓她一點點開始介入公司業務，最後她成為我創業路上非常重要的搭檔。她也因為我的網路課程平台的業務開始瞭解互聯網領域的一些創新做法，在公司的保險業務中引進了直播、社群等模式，她成功成為保險行業的互聯網探索者。你看，我們的關係是不是又多了一重身份，我們是彼此最堅實的"盟友"。

有一天，我聽到她跟"媽媽不煩"的閨蜜們說了一句話："好閨蜜，不僅要共情，還要共財。"我深以為然。

創業路上，我總能適時得到很多好友的助力，與我之前的人脈建構不無關係。比如：當銷售出現一堆問題的時候，我的閨蜜殷雯出現了；我正盲目探索直播短視頻領域時，好友林少來幫忙了；我為開發商業大課上火撬頭時，十幾年的老朋友黃雲站出來了⋯⋯這些好友的出現，背後都有著一段3.0版本的故事。

在這一章，我要和你分享一個特別重要的內容：專業社交策略。就是說，你要把專業技能做成你的個人標籤，用這個標籤來進行社交，甚至與他人形成聯盟關係。這樣一來，什麼酒桌文化的做法，統統都可以捨棄了。

在開始講這個策略之前，依然需要重申一次關於人脈的重要性。儘管在尋找到好的人脈時走了不少彎路，但慶幸的是，我一直深信人脈的重要價值。因為從農村走出來，到了大城市沒有任何人脈累積，所以我特別珍惜擁有的那一點點人脈。

不求有大靠山，哪怕只是找到一個認知比我高那麼一點點的人，我都非常感恩。**單打獨鬥的實力是本錢，借力前行的能力才是本事。**

我上面提到美國斯坦福大學做過一個調查研究，結論是：一個人賺的錢，12.5% 來自知識，87.5% 來自人脈。12.5% 的部分，我們可以稱之為智力資本。而 87.5% 的部分，就是他的人力資本或者社會資本。

從這個調查研究可以看出，**一個人如果想讓他的財富實現突破性的增長，要做的最重要的一件事情，就是跟他人聯繫起來，建立一個完整高效的人脈圈。**

英國詩人約翰·多恩說過一句流傳甚廣的話：“沒有人是一座孤島，可以自成一體，每個人都是那廣袤大陸的一部分。”人與社會的關係如此，人與財富的關係同樣如此。

我常對網路課程平台的學員們說的一句話是：**決定你人生天花板的不是你的能力，而是你的社會關係的總和**。希望本章節可以幫到你，尤其是和我一樣赤手空拳走天下的女性。

💰 **本節小結論**

1. 想獲得優質人脈，有 3 個關鍵影響因素：社交溝通、專業優勢、社會交換價值。

2. 人脈的 3.0 版本：朋友＋專家＋盟友，這裡對應了社交溝通、專業優勢和社會價值交換的因素。

3. 決定你人生天花板的不是你的能力，而是你社會關係的總和。

第三節

與其四處尋找貴人，
不如主動吸引貴人

 請你帶著這些問題閱讀

Q1. 如果你想找一匹千里馬，會通過哪些途徑去尋找？

Q2. 如果你是一匹千里馬，如何吸引貴人？

Q3. 如何獲得與貴人潛在的聯盟機會？

182

很多人會問我："老王，我身邊就是沒有優質人脈，怎麼辦？"

作為一匹優質的千里馬，我們就只能坐等被發現嗎？要遇到一個貴人，只能靠上天的恩賜嗎？人生很多事情一旦陷入被動，都變得不可控，從而讓人陷入抱怨、焦慮、不安的深淵之中。我的人生準則就是：與其被動等待，不如主動出擊。桌球名人鄧亞萍老師有一句話，我很喜歡，她說"進攻是最好的防守"。貴人不是靠等的，我們要主動吸引他們。

電商購物平台拼多多的創始人黃崢，如今身價已經超過了3000多億元。而他的發家史正好印證了伯樂與千里馬的故事。

2001年，黃崢還只是個電腦系的大學生，而手機遊戲公司網易CEO丁磊，一個互聯網大亨竟全網尋找這個初出茅廬的年輕人，想要請教他技術問題。不知情的人應該會想：這不是胡扯嗎，堂堂一個網易CEO，居然還要找一個大學生請教技術問題？

事情是這樣的：黃崢當年經常在專業網站上發表自己對技術的一些看法，也算是個小小的技術網紅了。有一天，丁磊看到了黃崢發表的一篇文章，正好這篇文章裡講的技術問題是他當時正關心的問題，於是丁磊主動聯繫了黃崢。

當丁磊找到黃崢的時候，黃崢還覺得，這就是一個騙子嘛，還敢自稱網易的 CEO 呢？沒想到，聊著聊著，發現對方居然真的是網易 CEO。從此，一段鐵桿網友的故事就這麼產生了。

後來，丁磊還把電子企業步步高的創始人段永平介紹給了黃崢。黃崢畢業找工作的時候，段永平建議他加入 Google；黃崢要創業，段永平不僅出謀劃策，還從步步高分出業務給黃崢。而拼多多能有今天，離不開段永平這個貴人對黃崢的支持。

所以你看，如果黃崢當初是一個只知埋頭鑽研的技術男，就不會吸引到丁磊和段永平這樣的大人物，就不會有今天的拼多多。與其四處尋找貴人，不如讓貴人主動看見你，找到自己對的出場方式、合適的專業社交策略，每一步都可以讓你離貴人近很多。

那麼，有沒有更好的方法讓我們主動找到貴人，並吸引他與我們合作呢？這裡，我來講講如何用專業社交的策略來實現與貴人的連接。

1
找到對的出場方式

在黑暗中，找到出路最好的方式不是環顧四周、四處亂竄，而是**找對自己的出場方式，讓自己成為一束光，主動讓貴人看到你。**

　　首先，你要思考以下問題：你想認識誰？他可能出現在哪些管道？他是喜歡出現在公共的線上社交平台分享觀點呢，還是喜歡出現在線下的演講論壇？回答清楚這些問題，你就可以找到對應的出場策略。

　　比如，比你厲害的專業大咖經常去行業會議上做演講，那麼，你就可以多去一些行業會議和專業論壇，主動到那裡去發現和聯繫你喜歡的人。

　　當然，還有更高效能的一種方式，爭取到一次在這個管道上做分享的機會。通過這次分享，讓你的貴人建立對你的認知，進行互動。

　　我身邊有位也在創業的女性朋友，她想融資，可是又不想像無頭蒼蠅一樣到處飛來撞去的。於是我給了她一個建議，主動聯繫某金融協會，規劃一場來她們公司參觀的活動。

　　她先是說服金融協會的會長，她們公司為什麼值得參觀：她的公司所在的行業是一個新興行業，值得很多人關注和了解；她公司的人力成本效率比同行很多公司的都要好，是一個很優質的瞭解對象。她還介紹了自己會準備哪些分享內容，方便讓金融圈人士更瞭解這個行業的內幕。會長聽完後很愉快，就答應了。

　　參觀那天，幾十家金融公司的老闆和高級主管在公司參觀、交流。交流結束後很多人就主動問了：「你們公司融資了嗎？需要資本嗎？這麼好的一家公司，有機會也讓我們多參與一下呀。」就這樣，她成功地認識了幾個非常不錯的投資人，順利高效能地開啟了她的融資之路。

　　你看，這是不是找到了對的場域，也就是找到了對的出場方式，然後通過分享，建立他人對你的認知，最後吸引投資？

　　如果你還是一頭霧水，可以先問問身邊的朋友們，問他們行業內有哪些分享會議、專業論壇、線上社群等。

　　我剛做知識付費的時候，就經常問我身邊的朋友：「你知道這個圈子都有什麼重要的峰會嗎？這個圈子裡有哪些社群呀？怎麼加入呀？」然後，我就會出現在會議現場跟大家交流。

　　剛開始，聽圈內的大咖講，我認真學習，大半年的時間後，就變成我上去給別人講。不到一年，我就認識了這個圈子裡的很多知名人物，包括我最喜歡的財經作家吳曉波老師、辯論高手黃執中等。這些人後來都成為我創業路上很好的資源，幫助我從 0 到 1 完成了市場的冷開機。

主動闡述自己的價值，
讓對方感知到自己的專業

當你能夠主動找到貴人時，第二件特別重要的事情就是**讓對方記住你**。你有沒有發現，我們很難記住一個人的名字，但很容易記住對方的標籤。比如，我們經常會說："那個誰……我忘記名字了，就是講商業的那個女老師。"看，這就是標籤的意義，能讓別人快速地記住你。

在人際交往中有一個因素，叫作"對知識的感知"，就是對方感知到你知道什麼，或者說，感知到你屬於哪個行業、職業、專業領域，你有能力解決哪些問題，等等。這比他只知道"她是一個好人"、"和她聊天蠻愉快的"更重要。

我身邊有一個自媒體領域的朋友，她通過抓住社交平台的風口，做出了一些成績，可是，她發現她的人脈圈子不夠廣。於是，她找老闆申請了一筆費用，到商學院讀書，想借機獲得一些優質人脈。

可是，上了幾次課後她發現，她很難被大家看見。後來，我教了她一招，她馬上變成全班的寵兒，超多人主動聯繫她。

之前她是這麼介紹自己的："大家好，我是 ×× 公司的執行總監。"說完，大家蒙了，不知道"×× 公司"是做什麼的，也不知道"內容總監"的具體職責範圍。

我教她這麼介紹自己："大家好，我是 ×× 公司的執行總監。×× 公司是自媒體行業最大的平台，全網覆蓋 ×× 萬用戶。作為執行總監，我最擅長的是對內容的把控和判斷，像大家的社交平台業務，或者廣告文案啊，直播短影音團隊搭建啊，都歡迎來找我幫忙哦。"於是台下的人嘩嘩地主動去聯繫她。

這裡一定要注意，弱關係的人脈給你的連接機會只有一次。因為對方可以通過第一次的連接判斷出你是不是他想找的人。包括對人的印象，也只有第一次最為深刻。在弱關係中，第一次見面特別重要。

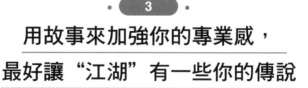

用故事來加強你的專業感，
最好讓 "江湖" 有一些你的傳說

結合專業標籤，最好還有對應的亮點事件說明，引起大家更大的好奇和關注，這樣效果就更好了。

比如你說，"我擅長寫社交平台文章"，那就沒意思了，會寫社交平台文章的人太多了。但如果你說："我曾經一個月之內把社交平台的閱讀量翻一倍。"別人一聽，哇，這就有點厲害了！對不對？

我給大家舉一下我的例子。

我曾經和別人介紹我懂商業，我會賺錢，別人會覺得：這種事難說，畢竟外面騙子那麼多。這樣很難快速獲取信任。

於是，我講："我是管理學系學士、碩士、博士，還在美國西北大學進修過，還給很多大企業做過諮詢，比如商業銀行、石油公司、啤酒公司……我就是研究商業的。"效果好一些，不過還是一般般。

後來，我換了一個說法："我30歲的時候，就做了A+H股上市公司的高級主管，幾乎是國內最年輕的高級主管了。"介紹完，開始有人抬頭看我了。

再後來，我又改了："我曾經用7個月的時間，讓一家公司的估值翻了3倍，從8億元漲到了20億元。"人群中就開始有人發出"哇"的聲音了。

現在我經常是這麼介紹自己的："我現在所創辦的網路課程平台，到目前為止，幫助了50萬女性提升財富思維。"這下現場不僅"哇"聲一片，掌聲也自發響了起來……我常常在我的社交平台上表達這樣的觀點：真正的人脈，不是你認識多少人，而是有多少人願意跟你合作。你有多少人脈，取決於你有多大的"利用價值"。只有那些能夠彼此交換價值、帶來合作機會的，才叫人脈。

4

給貴人創造一次超預期的體驗，
獲得一個潛在的聯盟機會

　　在結識新人脈的時候，我相信所有人都會遇到兩個困惑：第一，這個人是不是真的可靠？第二，對方並不會一上來就信任我怎麼辦？我有沒有猜對？沒關係，可不可靠呢，我們別費心思去猜，最簡單的破除信任障礙的方法就是來一次最低成本的小合作，是騾子是馬，拉出來遛一遛就知道了。

　　正如我們上一節講的，如果希望人脈關係扎實，最好的方式就是合作。合作，是將人脈牢牢握在手裡的最短途徑。如果合作效果不如預期，起碼可以做到損失最小化。如果"試用品"

用完之後一看，效果還不錯，那可以深度合作了呀！合作的過程既是你在考察別人，也是別人在考察你。

那要怎麼做，才能通過考察期呢？答案只有一個，把事情做到超預期。

超預期是什麼意思呢？簡單地說，就是要把每一次合作都當作最後一次，你要輸出你的最大價值，對方期待的是 1，你就要給他 5，甚至是 10，為他提供一個專業的體驗，要讓他感受到你是能夠幫他加分的。下次他要找人合作的時候，一定會第一個想到你。你說憑什麼？就憑你超預期的實力呀。

之前，有一家自媒體公司想邀請我一起開線下課程，老闆已經信任我了，但是底下的人對我的實力表示懷疑。我一聽，居然懷疑我的專業能力？這我就不能忍了！

我就跟他們說，沒事，那我先在課上做一次分享嘛，來一個小的合作，看看現場效果怎麼樣。

在現場分享的時候，我把每一個方法用案例分析了一遍，一步步帶著他們去理解方法是怎麼用的，還給他們做了一套工具卡片。而且，我還特別設計了幾個遊戲，讓大家邊學邊玩。

那幾個小時，學員都玩得特別開心，他們從來沒想過，上課還能這麼有意思。結果，我做完分享之後，底下的學員都追著我問各種問題，加好友。

這時他們才服氣了，連忙過來跟我確認之後的合作事宜。

通過這件事，我就更加堅定了一個觀點：**唯有超預期的專**
業體驗，才能帶來超預期的深度連接。

$ 本節小結論

1. "進攻是最好的防守"，貴人不是靠等的，我們要主動吸
   引他們。
2. 真正的人脈，不是你認識多少人，而是有多少人願意跟
   你合作。
3. 唯有超預期的專業體驗，才能帶來超預期的深度連接。

第四節

你的人脈背後，
是一座座金礦

 請你帶著這些問題閱讀

Q1. 想想跟自己交往最密切的三個人背後的資源有哪些？

Q2. 想想自己可以為他人提供什麼可交換的價值？

Q3. 盤點自己的人脈，自己有哪些"專業支持型人脈"？

很多人都會有一種感覺，總覺得身邊的朋友不夠用，比如說你突然得找一個業務合作，或者有個專業的問題搞不懂，打開手機通訊錄想要找人諮詢，把朋友列表從上滑到下細細琢磨一遍，結果發現，怎麼沒有啊？可是，少則幾百人，多則上千人的通訊錄，真的沒有你想要找的人嗎？事實上，我們都知道六度空間理論，即最多通過 6 個中間人，你就能夠認識任何一個你想要認識的人。或許，你身邊本就藏龍臥虎，問題在於你並沒有認真地瞭解身邊的每個人。

比日常溝通更重要的是：你知道他是誰，你知道他認識誰，你知道他知道什麼。在這個基礎上，如果你還總能為他人提供對方所需要的可交換的價值，這個人脈才能真正發揮作用。

踐行這一點最厲害的人物，我發現是在投資圈。跟他們打過交道的話你會發現，哪怕是偶然說起的一件事情，都會被他們記得清清楚楚。

有一次，我和一位很厲害的投資人朋友吃飯，隨口提到了某位朋友在心理學專業領域特別棒。大概過了一年，她突然找到我，問我之前提到的那個朋友。"那個人是誰，叫什麼名字？你能幫我介紹一下嗎？"我當時就震驚了，時隔一年，我幾乎都忘記了自己說過什麼，她居然還記得。和她深聊，才瞭解到很多投資公司已經把公司每個人的社會資本視覺化了。什麼意思？比如說，你認識哪些人，這些人士專業背景怎麼樣，他們有哪些社會資源，是怎麼認識的，有無合作關係，等等。每個人都要把這些資訊記錄下來，形成一個公司內部可公開化的龐大的資料庫。如果公司來了還沒有足夠社會資源的新人，他們就可以在這個資料庫搜索，找到公司內可以幫助他們聯繫對方的同事，從而找到任何他們想要找到的人。

甚至，我的這位朋友介紹，他們公司還有一個部門專門收集各種新聞，從新聞中判斷各大公司的老闆之間的關係，他們是否有合作、是否有聯繫、關係如何……這些資料全部對公司內的同事們開放。

每次跟他們打交道，我都懷疑投資圈的朋友是不是每個人都有小本本，跟你說完話馬上在背後記著誰是做什麼的，誰認識誰……

對他們而言，人脈即"錢脈"。

據我的經驗，很多人跟朋友出去聚會，喝酒、唱歌、吃飯、看電影、逛街，這些事都做，但卻不瞭解他的公司名稱、他所在的行業、他公司的業務發展水準、他的職位、他的家庭背景、他的重要人脈網裡還有哪些關鍵人物……所以這一節，我們要講一件重要的事情，叫"盤點"。

你是否足夠瞭解每一個人脈背後的資源？

　　盤點人脈，也就是對他背後專業知識的感知。比認識他更重要的是，挖掘他背後的"金庫"。我們要做的不只是知道本人是誰，更需要從他的基本資訊出發，去瞭解他做什麼，他的成長背景是什麼，深挖下去，我們還需要知道他知道什麼，他認識誰，對方有什麼資源。

　　我的一個學員在傳統行業工作，她想跳槽去一個互聯網公司，但是身邊又沒有認識的人，所以一直很苦惱。在我給了她建議之後不久，她就靠自己找到了一份很不錯的工作。

　　她是怎麼做到的呢？這個案例非常值得剖析。

　　她先對目標的人脈做一個畫像。她是這樣描述的："我想要跳槽到互聯網公司，那就應該去找一個在互聯網公司工作的人，最好還是個 HR，這個人會對互聯網行業的發展比較瞭解。

　　如果實在找不到這個人，那我至少要找一個與互聯網公司走得比較近的，比如一些 IT 公司，沒有互聯網業務，但這些技術人員經常跳槽去互聯網公司，這樣的人也是可以的。"

　　列清楚這些條件後，她在通訊對話方塊搜索各種關鍵字，比如互聯網、IT、技術、HR。很快，她發現身邊就有一位朋友經常在朋友圈分享一些關於如何管理 IT 人員的文章，她意識到這位朋友應該是在 IT 行業做人力資源管理。

於是，她主動聯繫了對方，向對方討教了一些問題：想跳槽去互聯網公司，需要提前準備什麼？現在是不是合適？對方友好地給了她很多建議，甚至主動和她提起與一家互聯網公司的 HR 比較熟悉，如果有需要的話，可以幫忙把簡歷推過去。

就這樣，她順利地完成了跳槽。

你的社會網路的類型是否過於單一？

你是否思考過：你的好友是否過於單一？比如過於集中在某一個行業、某一類型職業、某一個年齡段。如果是，你需要警惕！你遇到的人生難題是多種多樣的，可是你的人脈網難以支持。

尤其是很多女性，我們的人脈網往往只是提供情感支持，比如父母、閨蜜、老同學，他們是我們的情感源泉，跟他們在一起沒有特定目的，問問最近的生活情況，聯絡聯絡感情，哪怕只是靜靜地待在一起就覺得很舒服。這一個類型的人脈，我們稱之為"社會心理支持型人脈"。

但除此之外，我們還需要很多"專業支援型人脈"。這一個類型的人脈會為你提供更多的理念、建議和重要支持，這種關係的本質是為你提供價值，讓你可以獲得更好的發展。比如：我們可能需要一些律師朋友，以應對生活中面臨的糾紛；有了孩子，我們需要兒科醫生、老師、育兒專家或者一些媽媽榜樣。

在網路課程的社群裡，我們非常驕傲的一點，就是為所有女性提供了一個重要的資源：專業閨蜜。

在 50 多萬的女性用戶中，我們經常在社群中看到這樣的故事：

有位元媽媽正在打離婚官司，需要諮詢律師，於是另外兩位律師媽媽得到求助消息後，馬上為她提供法律援助。

有位媽媽因為剛出生的孩子總是出現腸脹氣，睡不安穩，於是從事小兒推拿的媽媽就出現了，線上給她建議，若是住同城市直接可以上門幫助。

有位媽媽因為孩子成績總上不去而頭疼，於是從事教育行業的媽媽們馬上就會一對一地給出很多專業建議。甚至有的媽媽喜歡寫作、繪畫、唱歌、研究心理學，都可以在社群中很快聯繫到專業的女性，互相交流，向對方學習。我們不需要高高在上的專家，只需要半步之遙的專業閨蜜。

孩子、老人、教育、工作、生活、婚姻，每一樣都需要我們擁有足夠的能力去應對，因此，我們需要時不時盤點自己的人脈，按照自己不同的人生階段、當下的目標來梳理自己的人脈圈，看看是否需要增加一些新朋友，或者啟動一部分過去並不親密的老朋友。

當然，也許大家會困惑於如何聯繫，下面來看看佛蘭克林搭建人脈的故事。

18 世紀時，美國博學者和政治家本傑明・佛蘭克林有一次很想跟賓夕法尼亞州立法院一個議員建立合作，但這個議員是個難纏的鐵石心腸的人物。試著想想佛蘭克林應該怎麼解決這個問題？是貿然上去自我介紹，然後請對方吃飯嗎？

佛蘭克林知道這個議員的私人藏書中有一本絕版的稀世圖書，於是就詢問議員是否能把那本書借給他看兩天。議員同意了。之後，他們又就這本書有了些交流，在這個過程中，這位議員對佛蘭克林有了更多的瞭解。

接下來發生的事正如佛蘭克林所描寫的："當我們再次見面時，他對我說話了（他以前從來沒有這麼做過），而且很有禮貌。後來，他還向我表明他隨時願意為我效勞。"

佛蘭克林把他借書所帶來的成功歸結為一條簡單的原則：

"曾經幫過你一次忙的人，會比那些你幫助過的人更願意

再幫你一次忙。" 換句話說，要使某個人喜歡你，那就請他幫你一個忙。

看完這個故事，是不是有所啟發？想要擴大人脈網，就不要害怕麻煩他人，人脈是麻煩出來的。一個人永遠不要靠自己 100% 的力量，而是要靠 100 個人各自 1% 的力量。

正如馬克思所說的："人的本質不是單個人所固有的抽象物，在其現實性上，它是一切社會關係的總和。"懂得連接他人，可以讓你社會關係的總和越來越大，你的財富會越來越多，地位、智慧等也會得到提升。

 本節小結論

1. 如果你總能為他人提供對方所需要的可交換的價值，這個人脈才能真正發揮重大作用。

2. 人遇到的人生難題是多樣的，光憑社會心理支持型人脈難以支持。

3. 專業支援型人脈的本質是為你提供價值，讓你獲得更好的發展。

第 7 章

讓家人主動
成就你

第一節

家人是你的助力，
而非絆腳石

 請你帶著這些問題閱讀

Q1. 你有多久沒有放聲大笑過了？

Q2. 媽媽的情緒對家庭有什麼影響？

Q3. 你有什麼小妙招讓自己以良好的狀態面對家人？

2019 年 8 月的某一天夜裡，我收到了一個學員發來的訊息，從凌晨 3 點發到了 5 點，斷斷續續差不多寫了 3000 字，說盡了她生活中的種種不悅。

"天哪！老王，你為什麼總是笑得那麼開心？我做不到，我再也感受不到快樂了……"

"有天我做了一個夢，在夢裡我看到一個小女孩因為家裡生了 4 只小豬而高興得大叫，可是醒來後我淚流滿面，因為我突然意識到自己已經很久沒有像她那樣大聲歡笑過了，連做夢都沒有……"

"兒子很調皮，老公壓力大，家裡已經很久沒有笑聲了，沒有人願意待在這個家裡，沒有一個人是輕鬆的……"

早上 7 點，看到這些消息的我整整在床邊坐了半個小時。我為這個本該享受幸福婚姻生活的女性，卻遭遇人生的迷失而感到無比遺憾和心痛。

這樣的消息，我在夜裡接收過很多很多。有人因一次家庭的爭吵而崩潰，有人因沉重的生活壓力而煩惱，有人道盡了生活的困境，有人因為做了奇怪的夢就感情決堤……

美國思想家愛默生曾經說過："一百個男人能建立一個營地，但要建立一個家非得有一個女人不可。"當一個女人無法經營她的家庭，也無法從她的家庭中獲得能量時，她走的每一步都會是負重而行。為情所困的女人，註定為財所困。當一個女性在生活中充滿壓抑、難過和痛苦時，她又如何開啟婚後生活的第二人生？

於是，我開始有意識地向女性朋友分享如何建立家庭支援系統。家庭支援系統本質上是將家人打造成一支團隊，且在家庭文化中融入支持女性追求夢想的文化特質。我希望幫助普通女性在增值的路上少受一點困擾和阻力；我希望她們的家人們都可以成為她們的助力，而不是絆腳石；我希望她們從家庭中得到更多地愛和支持，而不是一味為家人付出，最後卻迷失了自我，難以支撐起整個家庭。

其實，生完孩子後我的家裡也一度雞飛狗跳。改變女人生命軌跡的並不是結婚，而是生孩子。生孩子之前和諧幸福，但孩子出生後，似乎一切都變了。

當一個母親狀態不好時，整個家庭也會烏雲密佈，沒有一個人能夠開心。迪士尼動畫片《魔法滿屋》裡有一位佩芭阿姨，她的心情能影響天氣。當她生氣時，她所在的地方就會電閃雷鳴；當她難過流淚，天上就會下起傾盆大雨；當她開心時，天氣就變成了晴空萬里。每位媽媽都像這位佩芭阿姨一樣，擁有一個調節家庭"天氣"的魔法：媽媽若開心，全家開心；媽媽若煩躁，全家不安心。媽媽往往決定了家庭生活的情緒基調，作為女主人，我們就是家庭能量的核心。

在本書的前面我們講了能量管理，這是獲得個人財富的秘密。在這一節，我要告訴你如何進行家庭能量管理。**當你有意識地主動管理家庭能量的時候，你一定能夠更輕鬆地走在創富和幸福的路上。**

我為媽媽們配備了一個神奇的家庭能量魔法棒，如果你能照著我說的去做，一定能夠讓整個家庭都充滿歡聲笑語，元氣滿滿！這個家庭能量魔法棒就是"**先照顧好自己，再照顧好家人**"。媽媽要相信自己就是家裡的太陽，所以首先要做的不是讓家人開心，而是確保自己開心快樂。只有媽媽狀態好了，才有力氣去照顧家人，家庭才有了主心骨。

即使家庭瑣事繁多，麻煩不斷，作為媽媽，我們依然可以開心無限。如何做呢？我主要有三個秘訣：

‧ 家庭能量管理秘訣一 ‧
堅決不把負面情緒帶回家

我剛生完孩子的時候非常焦慮。那時我剛從一個普通的員工晉升到中層，工作特別忙，偏偏家裡的事也很多，經常上班的時候很擔心孩子，回到家又很擔心工作。時間長了，我發現我什麼事情都沒做好：陪孩子的時候不夠專注，上班的時候也總是分神。那段時間，感覺自己產後憂鬱了，動不動就哭，動不動就鬧，跟老公大吵特吵。

於是，我請了假，拋下孩子和工作逃到了敦煌。

在敦煌沙漠的一個晚上，不遠處傳來一個三口之家的歡笑聲。忽然間，我好羨慕他們。我眼巴巴地看著想像著，以後我們家是不是也會像他們一樣。可是，想想破裂的家庭關係，不知是否還會有以後。於是，眼淚不自覺滑到了下巴。就在抬頭的時候，我看到了那片此生見過的最美麗的夜空，地平線以上的天空中全都是星星，它們離我是那麼近，有節奏有配合地一起閃啊閃，眨啊眨，甚至照亮了旁邊稀薄的星雲。那一瞬間我突然想，這麼美的星空，我必須帶著老公和女兒一起來看看啊。

第二天，我回到北京，開始想辦法改變。怎麼改變呢？先從控制自己的負面情緒開始。我給自己提了一個要求：把負面情緒關在家門外。無論工作中有多少煩惱，一定要在回家前消化掉。

於是，我開始有了一些行為的變化，比如：

我會在回家的路上走慢一點，到了社區先在樓下轉一圈，吃個冰棒，或者做個指甲、洗個頭。總之，要做一點讓我比較愉快的事，然後再回家。

一段時間的高強度工作之後，我會給自己休息一個週末，把孩子送到公婆或父母家，請他們幫忙照顧一個週末。我和先生就可以去看看電影、逛逛街，好好放鬆兩天后再接孩子回家，繼續開始下一周的奮鬥。

這麼安排之後，看似我與孩子相處的時間變少了一點，可是慶幸的是，朵拉沒有見過媽媽情緒崩潰的那一面，在她眼裡，媽媽一直是一個"遇事不慌、開開心心愛工作的媽媽"。

所以我給大家的第一個秘訣就是：不管你處於什麼樣的狀態，上班、創業，或者全職媽媽，只要是你在外面產生的負面情緒，一定不要帶回家。**進了家門就以最好的狀態面對家人。因為真正最重要的人是我們自己，只有我們穩定了，家庭才會是圓滿的。**

· 家庭能量管理秘訣二 ·
建立"不做事項清單"，
主動拒絕能量消耗

剛才我講了要把負面情緒關在家門外，但我們總是會有負面情緒的時候，怎麼辦呢？這裡給你的第二個秘訣，就是主動拒絕能量消耗。當你知道什麼事情會消耗你的能量，就要很快做出判斷：我不要去做。

這就需要我們給自己列一個"不做事項清單"。在老王的"不做事項清單"上，消耗我能量的事情，我不喜歡的事情，我會拒絕去做。

我不會約我的客戶和合作方上午來公司，除非對方遠道而來。因為我上午的能量值特別高，很適合做創造性工作。比如我的很多課程、文章、檢討等都是上午寫出來的。如果上午見人的話，我會覺得這一天好多事情都還沒做，心裡不踏實，沒著沒落的。

我不開時間很長的會議，也不參加沒有明確議題的會議。會議中我不會做我不擅長的決策，比如我會告訴大家：我不知道，你們來決策就好了。

如果我心情不是特別好，我不會去做家務。因為我知道，我做家務的時候容易發火、生氣，做家務是件蠻消耗我能量的事情。有一次我洗碗的時候，老公卻在旁邊玩，我頓時好心疼自己，洗著洗著我就把碗丟到垃圾桶去了，他一臉蒙。洗碗都能發火，挺過分的對不對？但我就是這樣的，如果一件事情在消耗我的能量，影響我做其他的事情，影響我整個人的愉悅指數，我就不會做。

所以，你也可以梳理出你的“不做事項清單”，不論難易和大小。

　　我的社交平台有一個學員，是一名高校老師，我們可以叫她 G 老師。

　　G 老師出身於書香世家，父親是大學教授，母親是醫學專家。父母對她的教育極為嚴格，留在她童年裡記憶裡最深刻的，就是四個字：屈己待人。

　　說起來她是一個比較幸運的人。她在一所大學當老師已有 20 年，工作順利，家庭幸福，一切看起來都那麼讓人豔羨。

　　可是不知道從什麼時候起，她發現自己陷入了能量低谷，做什麼都沒有動力，很多事情只停留在了想的狀態。一切看起來很完美，但她似乎離夢想又很遙遠，生活並不是自己想要的樣子。

　　後來，她來到社交平台的課堂，聽到我分享媽媽的能量管理法則，在直播中聽到了“不做事項清單”後，她哭了很久。她說：“我這輩子一直處於什麼都要做、一直做的狀態，可是最後發現，我做完了所有事情，自己沒有變好，家人也沒有變好。”

　　擦乾眼淚後，她告訴自己：“從現在開始，我要做我生命的主人，我要自己決策自己每天做什麼、不做什麼。”於是她開始調整自己，給自己也列了一個“不做事項清單”。大概不到半年，她終於有勇氣結束了一門自己講了十幾年的課程，並開發了一門全新的課程，最後還被某名校邀請給同行上百位老師分享自己的創新經驗。終於，在歷經不溫不火的 20 年工作生涯之後，她迎來了事業的高光時刻。

當然，有的人會說 "我沒得選，那是別人安排的"。古人云："有所不為才能有所為。" 一個人越來越成熟的標誌就是，越來越有說 "不" 的權利，越來越有選擇的能力。

選擇自己要做的事情，選擇自己想過的生活，這就是變厲害的過程，就是讓自己有更多選擇權利的過程。

• 家庭能量管理秘訣三 •
請拒絕一個人承擔全部的家務

在家庭關係當中有一點特別重要，就是請你拒絕一個人承擔全部的家務。聽了這些，你可能覺得我是女權主義，男性聽了會不開心。其實這個觀點我和很多成功的男性也分享過，他們都很認同。

他們的觀點是："我也希望我老婆是這麼想的，我需要的是一個妻子，而不是保姆。"、"我希望能享受兩人之間愛和尊重的關係，希望她把我當作生活伴侶，而不是提款機。" 所以你看，當你不拿金錢來衡量另一半，而是拿你們在關係當中的感覺來衡量他，他會覺得幸福，你也會覺得幸福，你們的孩子也一定會是幸福的。

此時此刻，也許你正拖著疲憊不堪的身體堵在擁擠的回家路上，看著龜速前行的車輛心急如焚，想到還沒完成的工作焦躁不安；也許正在匆匆忙忙地給家人做飯，照顧嗷嗷待哺的孩子，陷於各種家務中無法自拔。請你不妨給自己倒一杯水，坐下休息片刻，然後告訴家人："我現在有點累了，能麻煩你先照看一下孩子嗎？"、"我今天比較累，晚飯你可以來做嗎？"……

記住，"Happy wife，happy life（妻子快樂，生活才會幸福）"，媽媽的狀態是一切的核心，因為媽媽手中握著整個家庭的能量棒。我們只有先照顧好自己，才能照顧好家人。

因此，儘量不要去做那些消耗自己能量的事情。很多家務，你應該跟男人來共擔。勇敢地讓老公成為你的生活合作夥伴吧！我們可以不要男人的錢，但是我們一定要男人跟我們一起來熱愛生活。

有的媽媽會說："我是個家庭主婦，家務不是就應該我做嗎？我怎麼好意思讓老公做呢？"尤其是如果老公收入很高、事業有成，就更不好意思找他幫忙了。

那麼，看看歐巴馬夫人蜜雪兒寫的傳記吧，歐巴馬在家裡不僅做家務，週末還會陪孩子，還要去學校參加家長會……這是他的生活。我們不應該因為自己擅長就剝奪老公生活的權利，你要把生活的權利還給他。我們應該喜歡的是男人給我們帶來的那些無法用金錢衡量的價值，比如說愛和尊重。

當然在這個過程中，女性容易因為老公做不好家務而發生爭吵，這時候一定要調整自己，先耐心地教對方，而不是一邊指責他，一邊自己承擔一切。與家人相處，要引導而非脅迫。

想要得到什麼，就溫柔且堅定地去得到它。當然，你也可以把一些相對簡單的、不需要太多判斷的家務分配給他。做的家務要儘量固定，不要每天換家務活給他做。你分配，他執行，這樣他對固定的家務就有了責任感，你也可以少操心了。

還有，勇敢地讓孩子做點力所能及的事情吧！你可能會覺得，孩子還小啊，能幫什麼忙。可是，你若希望孩子總是腳踏實地，就要讓他們負些責任。

對於孩子要做的事情，其實完全可以列出一個執行清單，讓他知道自己每天都是有目標的，時間一長，他也就慢慢養成習慣了，完全不需要你操心。當你把一些事交給孩子全權負責之後，他們其實完全有能力把事情做好。所以，你完全可以從今天起，給孩子分配一些力所能及的小家務。並且，要充分地相信他們，少評論、少插手、多鼓勵。要想讓孩子勤快，你得先學會如何偷懶。

　　作為媽媽，我們最愛孩子，但我們要承認自己無法承擔所有的職責。與其自己累死累活，不如學會管理，動員大家一起來做。愛打遊戲的老公可以變成你的家庭小助手，不體貼你的婆婆可以變成你的工作後勤小助理。

　　如居里夫人所說：「一家人能夠互相密切合作，才是世界上唯一的真正幸福。」

 本節小結論

1. "Happy wife，happy life（妻子快樂，生活才會幸福）"，媽媽的狀態是一切的核心，因為媽媽手中握著整個家庭的能量棒。我們只有先照顧好自己，才能照顧好家人。

2. 當一個人越來越成熟的時候，她就越來越有能力，越來越有選擇的權利。

3. 我們可以不要男人的錢，但是我們一定要男人跟我們一起來熱愛生活。

媽媽是家裡的太陽

 請你帶著這些問題閱讀

Q1. 如何給自己家做個家庭能量補給清單？

Q2. 你有過怎樣與家人一起探索生命和未知的經歷？

Q3. 如何沉浸式工作或者沉浸式休閒？

我家住在 32 樓，有一天電閃雷鳴，特別恐怖。

我突發奇想跟我女兒說："寶貝，快來，我們一起來欣賞閃電。"

她覺得媽媽這一反常的舉動有些莫名其妙，但我說"快快快，我們把燈都關了"，她聽到後變得很興奮，衝過去關了燈。於是，我們就坐在陽臺的小茶几旁，一起觀賞外面的閃電。一道一道閃電在天空炸開，就跟看美國大片一樣，特別震撼，也特別好看。我還興奮地去洗了很多水果。朵拉說："媽媽，我們今天晚上一起來開閃電 party 吧！"那一瞬間我很感慨，跟孩子一起探索神奇的自然，與先生一起探知世界的真相，這一切對我來講太幸福了。

其實，這只是一件很小的事情，但是接下來的幾天裡，我們一家人都對那個有趣的晚上津津樂道，這如同給我們的家庭注入了滿滿的能量一般。

蒙泰格尼說過："管理一個家庭的麻煩，並不少於治理一個國家。"我們在前面說過，追求財富的路上我們需要有個人能量補給清單，同樣，家庭也需要能量補給，也需要能量補給清單。當我們的家充滿了能量，家庭就不會成為我們追求財富路上的負擔，而會成為我們的能量補給站。

給你們看一下我的家庭能量補給清單吧，這些都很私密，

但我還是願意分享出來，希望對你們有幫助。如果覺得不合適，
你也可以列出適合你的家庭的能量補給清單。

1

我的家庭能量補給清單

在我的家庭能量補給清單裡，有以下這些內容：

只要有好的動畫片上映了，我就一定會帶女兒朵拉去看，
無論多忙。

只要晚上回家時間早，就會和女兒一起泡個澡。

平時有空就會和女兒一起畫個畫、坐下來聊聊天、喝個茶。

每週一次有儀式感的晚餐。一家人出去吃頓大餐，或者自
己給家人做一頓好吃的，或者即使是點外賣，也會給女兒配個
甜品。當一家人坐在一起很隆重地吃一頓有儀式感的晚餐時，
我會感覺一周的辛苦工作沒有白費，生活還是很美好的。

每個月會有一個週末，帶女兒去看爺爺奶奶和外公外婆。
我們陪老人一起吃完飯，就把孩子交給老人，因為老人需要孫
女，但並不需要我們。我和老公兩人就出去玩，一起去逛街、
購物、看電影。

每年我都會跟我先生和女兒一起長途旅行一次，一般都會超過 10 天。

女兒暑假的時候，我還會儘量選擇在家辦公一段時間，或者帶她旅行辦公。今年，我就帶著朵拉在大理住了一個多月。早上我陪她一起穿過一片農田，一起走路 3 公里到洱海邊，一起吃碗雲南米線。白天，我在院子裡辦公，她學習和玩耍；晚上我陪她去大理古城走走，一個鮮花餅、一杯玫瑰酸奶，是她每晚散步的標配。

據我瞭解，很多家庭沒有家庭能量補給的概念，全都忙於處理各種日常的事務。比如每天接送孩子上學、工作、回家做飯，第二天又是一個輪迴圈，偶爾出去玩一下也是來去匆匆。於是，我們經常能看到這樣的場景：媽媽一邊做家務一邊抱怨，爸爸想做點家務又不知道要做什麼，孩子要麼做什麼都小心翼翼，要麼就變成兩耳不聞窗外事的＂老油條＂，說什麼都不聽。這時候，整個家庭已經成為特別差的能量場，沒有人會開心。

學會給自己的家庭整理能量補給清單，給家人和自己一些儀式感，當把這些儀式感變成一個個慣性動作時，一家人的能量就會變得越來越穩定了。當家庭成為所有家人的能量補給站時，每個人都將因此受益終生。

· 2 · 關閉工作模式，沉浸式休閒， 真正經營好家庭情感

有一本書對我的影響很深，叫《深度工作》。書裡面有這麼一個概念，我特別認同，叫作"沉浸式工作"。什麼意思呢？

就是說，工作的時候完全投入，全力避免外界的打擾，直到你完成它。比如手機靜音、倒扣，告訴同事或家人你要隔離一段時間。這樣的狀態下，不僅效率高，工作成果也會更豐碩。

受這個概念的啟發，我認為在家庭中也需要"沉浸式休閒"。我見過很多人，總是把工作帶回家，或者明明是休息日，卻不得不加班工作，最後呢，工作效率不高，家庭也沒照顧到。所以，我在家裡就定了一個規則：在規定的時間裡，必須關閉工作模式，進入沉浸式休閒。

我的做法是，每隔兩周就選一天作為家庭休閒日，在這一天，我們一家人不工作不上課不洗衣不打掃，只做娛樂活動，心安理得地當一天懶人。以前，女兒總抱怨我工作總是很忙，沒有時間陪她，但是現在，她就會滿懷期待地等我陪她玩。而且她也理解了，媽媽在工作的時候，就要認真工作，同樣，在該玩耍的時候，也一定會好好陪她玩。

自從這個規則定下來之後，我們全家去了不少好玩的地方。逛各種博物館、展覽、去海灘遊玩、聽音樂會、看話劇等。漸漸地，全家都越來越期待我們的家庭休閒日了。

很多媽媽總覺得每天家裡有很多事情，要打掃衛生、做飯、收拾東西……但其實對孩子而言，家裡環境再乾淨，吃得再好，也不及爸爸媽媽和他共度一段快樂時光。

我不會做飯，朵拉總說：「媽媽，你看看別人的媽媽會做很多好吃的，人家都說那是『媽媽的味道』，我家『媽媽的味道』是外賣的味道嗎？」這時，我會大言不慚地回答：「媽媽是不會做飯，但是媽媽會帶著你去吃全世界的好吃的，而且那些都是大廚們做的！」

我不會做手工，朵拉說：「媽媽，你看別人家的媽媽，孩子要什麼都能自己做出來。有的媽媽能做出彩虹色的霜淇淋，有的能做各種頭髮造型。媽，你會做什麼？」這時，我又會大言不慚地回答：「媽媽是不會做手工，可是你會呀，我們家有一個人會就很完美了！」

慢慢地，朵拉也就不再挑剔我了，我從來不覺得我是一個完美的媽媽，但我絕對是一個能讓她快樂成長的媽媽，我想這已經足夠好了，不是嗎？

有一天我跟女兒一起畫畫，我在畫上寫了一句：終有一天，你會得到一切。這是我寫給女兒的祝福。朵拉看了說她也要寫一句，於是寫下：終有一天，我們會逛完全世界。

願正在讀此文的你，不僅可以擁有家庭的圓滿，也可以探知世界的全貌。

$ 本節小結論

1. 家庭成為所有家人的能量補給站時，每個人都將因為家人的愛受益終生。

2. 工作的時候完全投入，全力避免外界的打擾，直到你完成它。

女子得以自由，男子得以鬆綁，全家得以幸福

 請你帶著這些問題閱讀

Q1. 想想自己的事業，出發的理由是什麼？

Q2. 作為媽媽，你如何從家人那裡獲得更多的理解和支持？

Q3. 你打算如何通過自己的事業來滋養自己？

男性出差，女性在家帶孩子理所當然；可是女性出差，老公在家帶孩子，似乎就不被世俗所接受。

　　男性加班，理所當然可以晚回家；而女性加班，晚回家，則可能被家人指指點點。

　　這樣的困擾總是出現在我身邊的女性朋友身上，社會男主外女主內的態度讓女性在賺錢這一條路上一不小心就會引發家庭矛盾。很多男性會理所當然地對女性說："我管賺錢就好了，你不要操心這些。"看似是對女性的保護，可是時間長了，女性就慢慢喪失了自己的生存能力，這種"圈養女性"的觀念和方式是需要改變的。

　　現在的愛情更是基於兩個獨立個體之間的交流。女性的自我意識已經提升了，她們越來越多地走出了家庭，她們希望越來越多地探索這個世界，也希望參與這個世界的創造和改變，而不只是困於廚房那幾坪的空間。而男性卻沒有完全理解和接受這個變化，他們依舊會要求女性體貼、顧家、溫柔，他們認為這才是女性的第一要事。在這個過程中，雙方對女性這個角色的定義很容易出現分歧。

"她成功" 到底意味著什麼？

因為做社交平台，我經常與很多媽媽打交道。我發現了一個現象：很多努力上進的女性考慮賺錢，並不是因為有一個偉大的夢想，或者想獲得權力、地位，往往只是因為一個小小的生活變故，或者一份小小的心願。

有的是為了基本生活需求：

深圳有位全職媽媽，老公生意失敗，因負債入獄，家裡資產全部被凍結了。她說，她的目標就是每天賺 100 元，因為這是她和 3 個孩子買菜吃飯的錢。

有的是為了關係：

上海有個學員，她在課堂上說她一定要賺錢買一間房，或者租一個房子。因為她不想再和婆婆住一起了，兩代人的生活方式和育兒觀念不同，磨合太難，她要帶著孩子搬出去。

還有一位媽媽，因為老公家暴，她想離婚，可是她那可惡的老公說，除非她給他 20 萬元，否則孩子不能歸她。於是她學了一門手藝，到處接工作，想著賺夠了錢就把孩子帶走。

有的是為了健康：

有一個學員的老公，原來是一家大企業的老闆，老公曾經是她的一片天。可是突然有一天，他中風了。原本在家做全職寶媽的她手忙腳亂，開始了一個人賺錢養家之路。她和老公說：以前你養我，現在我養你。原來，最美的情話不過如此。

有的是為了活得更有意義：

北京有位媽媽，她說她想賺錢是為了和老公一起做公益，幫助白血病孩子。仔細追問才知道，她老公的姐姐在十幾歲的時候因為得了白血病去世了，這一直是她老公心裡的遺憾。她想幫助他彌補人生遺憾。

還有位媽媽本來是個職場精英，年薪百萬。因為生了兩個孩子後，在家做了四五年的全職媽媽。她說，她想重新出發，因為不想孩子長大了看不起她。

有的是為了探索自我：

有一個同事，她從北方搬家到深圳，和我們一起創業。她在老家有兩間房子，有車子，家人都在身邊，關係也特別和諧。相比較之下，創業這條路風險特別大，可能所有的辛苦會一無所獲。家人都不理解她，可是她說："我已經知道外面有一個機會，如果我不去試試，我怎麼知道自己這輩子的天花板在哪裡呢？創業成功與否不就是取決於我有沒有潛力嗎？"所以她從未懷疑過自己的選擇。

這就是女性，她們追求財富不單單為了財富，而是為了孩子的教育、父母的健康、自己更好的生活品質、更多地探知自我等等。

"她成功"到底意味著什麼？

"她成功"不是：

非要取得一些大成就，比如做一個大公司、身價過億；

一夜暴富，快速達到財富自由；

勞心勞力，以至於身體崩潰；

完全犧牲與家人、孩子相處的時間。

"她成功"是：

做自己喜歡的事情；

讓自己持續變得更好；

為了讓孩子以後看到更好的世界；

為了全家人的健康出發；

希望能夠慷慨地幫助身邊的人。

到這裡，我希望大家思考，你為了什麼而來？你追求的是什麼？不管你是為了孩子的教育，還是為了父母老有所依，還是為了在家庭生活當中你更有話語權，為了你自己能夠去看到更美麗的世界……**不管是哪一個，你都需要給自己一個理由，**

因為這些足夠美好、足夠強大、足夠有吸引力，能夠讓你在艱難的時候愈加堅定。

2

給自己一個出發的理由，分享給家人，
讓他們理解和支持自己追求事業

　　美國演員金·卡戴珊在訪談中說起過，她很小的時候，家裡每天晚上都會有個固定節目，叫作"頂峰與深坑"。什麼意思呢？就是說在晚餐的時候，每個人會輪流跟其他人分享自己這一天中最開心和最糟糕的時刻，把發生的事情、自己內心的感受，全部說出來。在她看來，這個固定節目是家庭生活中最有滋有味的部分。

　　這樣的分享，希望你嘗試一下，相信我，你一定會愛上它。因為其中的情緒和感受，把家人聯繫在一起，共同分享快樂，分擔痛苦，這樣的感覺，才是家的感覺。

　　我的建議是：給自己一個出發的理由，並把這個理由分享給家人們，讓他們共情，從而越來越支持你追求自己的事業。在這個過程中，你可以引用別人的故事，也可以講自己的感受。

總之，只要你告訴家人你的需求，一切就會簡單很多。

剛開始創辦社交平台的時候，我特別地忙。朵拉有點不理解，她問："媽媽，你為什麼要創業？你以前每天都有很多時間陪我的，你現在這麼忙，我不喜歡你創業。"

我告訴朵拉："寶貝，媽媽之所以這麼努力，是因為媽媽希望有一天你活在沒有男女歧視的世界裡。"於是，我開始和朵拉分享我小時候家庭重男輕女的成長經歷，她慢慢明白了媽媽努力工作，是為了她和她的女同學能夠和男生一樣，做想做的事情。

我也時常把作為女性的經歷和感受與我先生分享，慢慢地，他越來越支持我。在別人眼裡，我是一個有"野心"的女子，他們甚至會擔心我會不會在家庭中過於強勢。可是我先生卻深知，我創業不是因為要強，而僅僅是因為我有一份樸素的心願。他越理解我這份"野心"背後的愛，就越支持我的事業，甚至為了我辭去了年薪百萬的工作，跑來幫我做 CTO（首席技術官）。他的老同事們不理解，他會笑著說："一個 IT 男最大的浪漫就是陪老婆創業。"

當你的家人理解你出發的理由時，尤其是當他們理解到一個事實：你今天的努力，不只是為了賺更多的錢，還在於你要有自我價值感，這時候，你會發現家人們都特別支持你。很多時候，追求自我價值這件事遠遠超過了事業的成就本身。意義大於成果，只要出發，無論事業大與小，我們都能從中得到滋養。所以，事業不分大小，只要你喜歡就是值得堅持的事情。

當女性有想做的事業時，如果家人能夠支持她，她的能量會變得無比強大。同時，她在事業中所獲得的快樂和能量又能回饋她的家庭。當家人看到這份循環之後，他們會更支持你。

女強男弱的家庭如何建構家庭支援系統？

曾經聽說某公司在女性員工升職為高管之後，都會做一次心理輔導，這是為了讓她們可以更融入家庭，而不是因為自己的升職而嫌棄自己的先生。這絕對是一個非常巧妙的安排。很多女性的實力並不弱於自己的先生，當她們決心追求事業時，可能會獲得高於男性的成果。這時候，女性可能會進入一個自我否認的階段："為什麼我當初會喜歡你？"、"你到底能給我什麼？"、"你為什麼沒有那麼上進和優秀？"

對於這類情況的發生，我想說，今天的愛情和婚姻是兩個平等生命的交流，而不再是基於過去的男主外女主內的明確分工。既然我們女性選擇不局限於家庭，我們就應該明白：女人可以選擇事業，男人也可以選擇回歸家庭。他們可以抽出更多時間陪孩子，更平衡地發展自我，我們不能雙重標準。

當男性不要求我們回歸家庭時，我們也不要求男性一定要比我們更成功。當我們都鬆開社會傳統角色對彼此的約束時，這份愛情才會變得簡單，女子得以獨立，男子得以鬆綁。

在我眼裡，只要對方在努力成長，至於成長速度的快與慢並不重要。**不同的階段每個人都會有自己的節奏，我們可以給彼此更多的時間和空間，否則夫妻無形中會建立一種最殘酷的競爭機制：如果你不成長，我就嫌棄你，甚至離開你。**這樣的愛會讓人有壓力，也會讓自己筋疲力盡。

最後送你一句話：媽媽不煩，全家開心！媽媽是家庭中最大的核心，而我的社交平台想做的事情就是通過造福一個媽媽，來造福一個家庭，從而造福一個社會。相信未來我們可以在"媽媽最懂媽媽，媽媽幫助媽媽"這張"網"下相遇。願每一個女性都可以肆無忌憚地往前跑，奔向遠方，遇見更喜歡的自己。

 **本節小結論**

1. 給自己一個出發的理由，並把這個理由分享給家人們，讓他們共情，從而越來越支持你追求自己的事業。

2. 女人追求財富往往不只是為了財富，而是因為其他目的。

3. 追求自我價值這件事遠遠超過了事業的成就本身。意義大於成果，只要出發，無論事業大與小，我們都能從中得到滋養。

第 8 章

主動建造
"她時代"，
讓我們彼此成就

<table>
<tr><td>第
一
節</td><td></td></tr>
</table>

為什麼我們需要女性社區

 請你帶著這些問題閱讀

Q1. 你有過怎樣的閨蜜陪伴和賦予能力的經歷？

Q2. 在商業上，作為女性的我們可以向男性學習什麼？

Q3. 你可以為你的閨蜜提供什麼專業內容？

在法國，有一種名為"芭芭雅嘉"的老年公寓，專為退休女性建立，從而形成一種新型的養老模式 —— 互助養老。這種公寓的建造者叫泰蕾茲賈勒，她說她希望為 65 歲到 90 歲的女性打造一個自主、團結而整潔的地方，讓她們居住在一起互助養老。因為她認為，男性喪偶或者離異之後，會比女性更容易找到新的伴侶。當一名女性超過一定年齡之後再尋找伴侶會更加困難。

泰蕾茲賈勒建造芭芭雅嘉公寓的初衷就是希望一位將她的一生奉獻給孩子和丈夫的女性，可以在生命的最後幾年掙脫束縛，為自己而活。同時她希望藉此改變社會對老年人的某些偏見。 她還希望通過這個公寓向老年女性傳播如下養老理念：

"年老不是一種疾病，而是經過歲月積澱的生命中美好的年齡段之一。"

"老了並不是只能在家裡等待生命結束。"

"晚年也是人生美好的時光。"

一個社會問題的解決，一定不是僅僅依靠觀念宣導，還需要依靠更多更好的商業模式落實。好的商業模式能兼顧公益，它可以敏捷地調度社會資源來解決社會問題。芭芭雅嘉老年公寓就是一個很好的解決退休女性養老問題的商業模式。

在這裡，我想以我的社交平台為例，聊聊女性社區對女性社會支持的價值。

社交平台的商學院定位為"幫助女性追求和實現自我價值的平台"。在這裡,我們會重點教授女性如何提高商業經營能力,幫助她們更好地經營副業或者從 0 到 1 開始創業,很多女性因為我們變成了美食達人、新農人、主播、育兒專家、領讀人、知識博主、創業者等。我在設計明女性的商業模式時,充分考量了以下幾個要素,同樣分享給你們。

女性互助"織網者":
創造女性同伴情感陪伴、能量補助的場域

我們在教授媽媽們商業模式時,秉承一個觀點:時常陪伴,偶爾教育。我們會鼓勵女性之間多交流,鼓勵她們讚賞對方、鼓勵對方和幫助對方。這個世界上有很多的女性需要力量,只要你站出來,她就會被你影響,你就已經在幫她了。在我的社交平台,每天都有很多女性幫助女性的美妙故事發生。

有人及時伸出援手挽救了另一個生命。我們有位學員差點被一個"渣男"奪去了生命。他謊稱自己未婚,讓女孩懷了身孕後,開始對她實施各種身體暴力。最後一次,他用膠帶纏住

了她，暴打過後丟下了遍體鱗傷的她。無助的她發了一條朋友圈後，決定自殺。

幸運的是，每一位在我的社交平台學習的女性都被鼓勵加深聯繫，她們擁有很多朋友圈好友。她班級裡的學姐看到消息後著急得馬上報了警。終於，員警找到了這個女生，及時制止了她自殺的行為。閨蜜們知道後都去照顧她，幫她想辦法。

有人幫助別人度過了生命中最艱難的時刻。有一位學員查出患了乳腺癌，情緒一度失控，不斷對家人抱怨，老公怎麼勸都不聽，另一個學員閨蜜勸解後她才釋然。

那個閨蜜說："這個時候了，你還在生氣，你還不控制自己，你還想病情加重嗎？"一句話點醒了這位媽媽。是的，媽媽最懂媽媽，只有女人才懂女人心底最在意的是什麼。後來，這位學員心平氣和地走進了手術室，13個小時後，手術成功了。之後，她轉身成了一個短影音博主，她說："我要用這段經歷幫助更多的媽媽走出來。"

有人特別理解當媽媽的心情，異國他鄉冒險幫助他人確認了孩子的安全。有位媽媽的兒子在美國留學，疫情剛開始那時候就和孩子失聯了。她在社群裡傾訴了自己有多擔心後，一位在美國生活的華人媽媽冒著感染新冠病毒的風險，驅車前往另一個州，即那個孩子就讀學校的所在州，找到了他，在物資匱乏的情況下還送了他兩盒口罩。

而後，她拍下了孩子安然無恙的照片發到社群裡，對這位媽媽說：“你的孩子很安全，你放心。”這位媽媽流下了眼淚，社群裡的媽媽都流下了眼淚。

這些全部都是我親眼見證發生過的真實故事。作為一個“織網者”，我的作用並不大，真正偉大的是女性與女性之間相互理解、相互陪伴所創造出來的巨大的能量。

社交平台剛剛成立的時候，我們還很糾結：到底收不收男同學？因為當時確實有很多男性想要報名。但後來我們還是決定放棄男同學。因為我們意識到，在一個純女性圈子裡，媽媽們會感覺很安全，敢於表達觀點，她們也會更專注地陪伴彼此。

有的時候，女性所需要的不一定是專業的支持，而僅僅是陪伴。陪伴所帶來的愛、勇氣、溫暖，能量是非常強大的。

• 2 •

女性專業社交圈：
鼓勵專業社交，發揮專業閨蜜的力量

女性很少向他人求助，因為她們總是怕給別人添麻煩，總是不好意思打擾別人，這使得她們總是承受更多的協力工作，更容易倦怠。如果女性學會創建更高效能的社交網路，按專業社交的方式一起打造一個用專業互助的空間，我相信她們工作、生活的難度會大幅下降。

我跟大家講一個學員的故事——"丁姐和她的百合"。

丁姐是一位生活在蘭州的 50 多歲的退休姐姐，她非常喜歡小動物，退休前就找了一個院子，一個人收養流浪貓和流浪狗，多達百隻。可是退休後的薪資要養這麼多的動物，她的生活都有了困難，而她又不想放棄這群"毛孩子"。

當她瞭解到我的社交平台可以帶領女性學習商業後，她背著一袋百合乾就踏上了拯救"毛孩子"的火車，來到了我們的課堂。我們嘗了一塊百合乾後都覺得特別好吃，於是大家都說："這個產品不錯啊，你應該賣百合乾來賺錢啊！"可是沒有任何賣貨經歷的丁姐覺得很困難，不會銷售，不懂電商，不知道如何聯繫平台。一旁的夥伴小豆芽一捲起袖子："沒關係，我來。"

小豆芽曾經操盤過一個助農專案，幫助農民賣蘋果，"戰績"是不到 3 個月就銷售了 10 萬斤。課程結束後，小豆芽二話不說就跟著丁姐飛到蘭州，一落地馬上搞定了快遞公司，給不懂電商的丁姐培訓，跑到山上實地察看了百合的種植基地。一個仗劍走天涯的俠女，一個十幾年救助流浪貓狗的奇女子，20 天內完成了線上銷售網路的搭建，百合乾的總銷售額超 30 萬元。

3 個月時間，丁姐月入過萬，不僅賺到了自己的生活費，養活了自己的小貓小狗們，而且還把她家周邊幾家農戶的百合乾庫存全部消化了。

這是兩個女人的故事，也是兩個媽媽的故事，是媽媽幫助媽媽的故事。對於缺乏勇氣、不敢求助的女性而言，我認為她們需要的不是專家，而是那個離她們半步之遙的專業閨蜜。當她們發現自己的閨蜜正好擅長某個方向時，她們敢於向閨蜜求助，這個閨蜜並不需要多麼專業。閨蜜懂得她們的需求，也會耐心地面對她們的問題。

不只是她們，我也是我的社交平台這個閨蜜圈子的受益者。

朵拉小時候身體比較弱，個子不高，這成了全家關注的一個難題。我希望朵拉可以加強營養，所以我就找了我們社群小夥伴圖圖幫忙，她是位專業營養師。

她特別認真地給朵拉寫食譜，我們也嚴格執行。她還加了朵拉的手機通訊，經常告訴她："你一定要好好吃飯，好好吃飯對你很重要。"她還給朵拉寫了一封信，信封上寫著"這是來自魔法學校圖圖姐姐的一封信"。她還給朵拉買了助消化的很可愛的小餅乾。

有了圖圖的幫忙，我就不那麼擔心女兒吃飯的問題了。時隔兩個多月，朵拉長高了 1.5 公分，我和我先生都太高興了。

在這裡，還有很多具備專業知識的閨蜜：有聚焦於情感的專家告訴媽媽們如何經營婚姻；也有擅長婚姻法的律師幫助大家解決婚姻糾紛問題；有心理諮詢師及時地回應孩子成長過程中的難題；有大學教授告訴大家孩子應該如何選專業，甚至還有心理學專家告訴大家如何處理好婆媳之間的關係。

一個具備專業知識的閨蜜，勝過高高在上的專家千倍萬倍。當每個人都拿出自己擅長的部分來進行社交，受益的不僅是每個人，更是每個人背後的家庭。

· 3 ·
女性商業佈道者：
傳遞商業資訊，共同探索女性商業新模式

在這個平台裡，我們盡力在做的一件事情就是：傳遞商業信息。也就是告訴大家有哪些在家賺錢的方法，哪些技能對賺錢有利，讓女人們聚在一起別再只談男人和感情。

過去，男人在一起談論的話題是掙錢和事業，而女人在一起談論的話題便是感情和男人。但今天的女性不一樣了，她們

渴望擁有經濟獨立能力，她們也希望能夠討論各種商機、經濟趨勢的變化。但是，這時候她們會發現，進入傳統的以男性為主導的商業圈層，她們很難得到平等的對待。很多時候，男性一起抽個煙、喝個酒就打聽到了很多消息，那女性怎麼辦呢？

互助起來，我們可以共同探討和傳遞商業訊息。

比如在我的社交平台，有一位媽媽學會了直播後，利用直播一個月內輕鬆賣出了家裡所有的奇異果，以往至少要努力賣 3 個月，還得一箱一箱往市場搬，費時又費力。之後，這個案例鼓舞了很多人。

一個從泰國歸來的雲南媽媽，在我的短影音平台直播間聽說了前面這位媽媽賣奇異果的事情後，她也來學習直播技能，也開始在直播間賣家裡的蘋果。在前面閨蜜走出來的道路上，她 1 個月成功銷售了 4 噸蘋果。於是，她開始召喚遠在異鄉打工的同鄉媽媽們回家，她說："如果在家你們就可以賺到錢，為什麼不回家呢？孩子們都想你們了。"後來，她在課堂上告訴我們，就因為這個事情，全村人看到了希望，都紛紛回家做起農業了。現在，她正走在帶領農村媽媽創業的路上。

還有廣東的一位媽媽，她家就在被稱為"中國荔枝第一鎮"的大唐荔鄉根子鎮。看到前面兩位閨蜜直播賣水果效果這麼好，她不僅學習了直播技能，同時把打造個人品牌、社群經營的技能也一起學了。她將朋友圈、社群、直播聯動起來，38 天的 時間裡，她直播 63 場，荔枝銷售額超 30 萬元。

像這樣的案例還有很多。

學員曉萍家裡有個茶園，滯銷的茶葉有 100 斤。學習社群經營後，她轉型到線上，4 天銷售茶葉 5000 元。今年，她輕輕鬆鬆地賣掉了家裡的茶葉。

酒業創業者海倫，以前是到處找尋管道，辛苦找資源。看到閨蜜們用社群、直播和朋友圈賣農產品，她就想，那為什麼不可以賣酒呢？於是，她快速掌握社群的經營方法，藉由私人管道營運 1 天就收入了 2 萬元。

前面跟大家提過的瑜伽老師波波・瓊，她轉型線上瑜伽教學成功之後，帶動了很多瑜伽老師轉型到線上。她說：“瑜伽老師太苦了，當教練賺錢少，開館也經常虧，現在能夠用這麼輕的資產在線上教學，太好了。”曾經我們問她：“把這個模式教給很多人之後，你會擔心影響你的收入嗎？”她說：“怕什麼，都是女性，都不容易……”

還有一個開繪本館的媽媽小艾老師，創業失敗虧損了 150 多萬元之後，開始學習商業。後來，她探索出了一套線上講繪本的商業模式，做到了年收入近百萬元。之後，她開始把她的模式推廣給很多同行，帶動了很多人轉型成功。

在我的社交平台圈子裡，她們經常談論的是：

"你現在在學什麼？直播？社群經營還是短影音？"

"變現情況怎麼樣？"

"我這裡有個好的產品，需不需要贊助一下你的直播間？"

我相信不久的將來，這個社會一定會看到更多優秀的女性人物、更多優秀的女性企業家。未來，我還想寫一本關於女性商業模式的書，希望到時候可以給更多女性力所能及的引導和支持，你覺得如何呢？

$ **本節小結論**

1. 女性需要的不一定是專業的支持，而僅僅是陪伴。陪伴帶來的愛、勇氣、溫暖，能量是非常強大的。

2. 在一個純女性的圈子裡，媽媽會感覺很安全，敢於表達觀點，她們也會更專注地陪伴彼此。

3. 如果女性學會創建更高效能的社交網路，她的工作、生活難度會大幅下降。

第二節 媽媽最懂媽媽，媽媽幫助媽媽

請你帶著這些問題閱讀

Q1. 作為媽媽，你期待一個什麼樣的社群支持？

Q2. 如果有一個媽媽社群，你期待獲得什麼樣的專業支持？

Q3. 你想為和你一樣的普通女性提供什麼樣的幫助？

與其被動等待，不如結伴前行

在農耕時代，田力為男，耕種、打獵都需要力氣，女性只能在家帶孩子、做家務。在工業時代，體力依然重要，體力更強的男性仍占主導地位。

而今天，很多體力勞動已經被機器替代，人類的工作越來越多地從體力勞動轉為腦力勞動。在這個資訊時代，一個女性完全有能力完成一個男性完成的工作，甚至在一些注重用戶體驗的工作中，女性有著明顯的優勢，因為女性擁有更出色的協同能力、溝通能力和同理心。我在短影音平台直播間曾經採訪了多個領域中的精英男性，招車品牌滴滴的產品專家、課程開發平台三節課的課程研發大佬、男性創業者們，他們無一不認可女性在這個時代能夠大有作為。感謝這個偉大的時代，讓越來越多的女性在這個社會裡擁有了一席之地。

每一個女性都莫要辜負這個時代給予的好機會。

英國作家查理斯·狄更斯在《雙城記》中說："這是最好的時代，也是最壞的時代。"於女性而言，也是如此。一邊是無比美好的大時代機會，一邊是傳統家庭角色分工。房貸、車貸、教育、養老，成了壓在每個成年人身上的幾座大山。而作為女性，在同樣需要承擔這些的情況下，還擔負著生育的重任。她們在成為一位母親後，無論是在身體上，還是在心理上，抑或是在社會中，所面臨的困境遠比男性多得多。這是毋庸置疑的事實。事業與家庭之間的衝突讓很多女性喘不過氣來。在我身邊，無論年齡大小、學歷高低、美或醜、身份地位高或低、先生有錢或沒錢，如果你走近她們，會發現她們都有著不同程度的焦慮和不安。追求自我價值與幸福的這條路幾乎每個女性都走得很艱難。我時常說，既然我們註定要負重前行，那不如微笑面對吧，當然能夠像我一樣大笑面對就更好了。

現今，國家立法維護女性與男性平等就業、同工同薪的權利，並對女性在孕產期、哺乳期的特殊利益予以保護，很多支持女性創業的基金、輔導專案也不斷上線，各種保障女童就學的公益項目也層出不窮。但是，我始終認為，與其單純依賴外部資源的支援，與其期待一個完美的社會環境，不如女性自強，自強則萬強。與其向外探求，不如向內尋找，尋找女性群體內部的力量。

我認為，女性有著一種天然的互助力量，這種互助力量一旦被激發和放大，我們就可以創造出一個女性專屬的、幫助每一個女性追求和實現自我價值的社會網路。每個女性不再是無助的孤島，而是互助的燎原之火，溫暖而光明。也許這個世界沒有給我們一個最好的答案，但我們自己可以給自己這個答案。

曾經，我的社交平台的一個小夥伴給我講了她和她閨蜜之間的趣事。她長得很美，特別喜歡花，也學習了很多插花的課程，做出來的作品也相當漂亮。於是，她的閨蜜鼓勵她做直播教別人插花。

她聽到要直播，連連揮手，她說："我做不了做不了，直播的那些工具我也不會用啊，那個機位、燈光我也不會擺……"

閨蜜一聽，說："好，我陪你一起做。"於是，到了週末閨蜜就來到她家。她們一起去買花，一起佈置房間的一個角落，開通直播間。閨蜜還給她打扮得美美的，全程一直陪伴著她。

忙碌了一個上午之後，直播間終於開播了。這時候，出現了一個特別有意思的狀況：她一個人在房間裡對著鏡頭直播，直播間裡只有一個觀眾，那就是在她家客廳拿著手機笑呵呵，還時不時要打賞的閨蜜。

就是因為這次陪伴，她開啟了人生的第二事業 —— 把自己喜歡的事情當飯吃。慢慢地，她的副業收入遠超過主業。她成為一名插花主播，她也一發不可收地愛上了直播。

這是平凡生活裡最普通最真實的一幕，卻充滿了力量。閨蜜間的相互陪伴、支持、幫助，不就是我們女性的特質和優勢嗎？在我的社交平台裡，我們經常開玩笑說，這就是一種"裏挾式成長"，不管你想不想成長， 只要有閨蜜陪伴和督導，你都會成長。女人和女人之間可以越來越有溫度，因為懂得彼此的為難，所以更願意溫柔以待。因為女性更懂女性，她們更容易察覺對方求助的焦急目光，她們可以更迅速地做出反應。

一個女性的力量是弱小的，但無數個個體互聯起來，變成支持每個個體的一張網路，聚集起來的力量是無窮的，多麼棒啊！

媽媽最懂媽媽，媽媽幫助媽媽。請愛自己，也愛這個世界上的同性。好嗎？

願此時讀到這裡的你，可以堅定地對自己說一句"我行"。無論你是常年在家帶孩子的全職媽媽，還是正在職場迷茫困頓的職場媽媽，或者是一位創業一直沒有找到出路的創業媽媽，都願你今生有力量綻放，也願你選擇伸出援手幫助身邊另一個媽媽。

2

我願銜微木，將以填滄海

回顧我的一生，我是何其幸運！

兒時，雖然家境窘迫，但父母盡他們所能，給了我最好的教育，父親時不時還會帶著我去幫助身邊條件更差的家庭，哪怕只是非常微小的幫助，比如幫著鄰居農收、看孩子……因為父母的熱心，兒時我家總能收到村裡人送來的自家種的菜、自家做的小吃等。

長大後，因為想看看外面的世界，我成功地過了大學考試這座獨木橋，甚至一路讀到了博士，知識帶我走進了我原以為無法觸及的世界，讓我有機會見識了這個世界的美妙。

工作後，我又總是比別人幸運一點點，遇到了好的老闆、善良的同事，一路打拼，升職加薪的速度超過常人。

一路往前，我甚至一度忘記了普通人的煩惱，我以為所有人都可以靠奮鬥改變命運。但是後來，在我輔導很多普通人後，我才發現一個事實：很多人就算擁有一身本事，也難以逃脫環境的束縛。

我開始跳出微觀角度，如果個體難以改變他們的宿命，那麼群體呢？有沒有一種可能性，就是群體進化呢？宏觀地看，人類這個物種不就是在不斷的群體進化中走到今天的嗎？於是，我無數次思考，一個並不強大的人群或者物種如何完成群體進化。直到我看到了一個關於螞蟻的研究。

螞蟻是一個特別有意思的物種，力量、速度都不如其他生物，曾經與恐龍為鄰。而 1 億多年後的今天，螞蟻遍佈全球，恐龍已經滅絕。可以說，螞蟻是地球上一種古老、生命力頑強的生物。

　如果你仔細觀察它們，你會發現它們特別擅長一件事情，那就是快速集體行動。只要有一塊糖果掉在地上，不久後你就會發現一群螞蟻蜂擁而至。

　我時常在想，螞蟻這個物種究竟是如何迅速地達成集體行動的？原來，不止我一個人有這個困惑，美國斯坦福大學生物學家黛博拉·戈登等人研究了"螞蟻的個人交流如何導致集體行動"，他們研究的對象是一種生活在新墨西哥州的沙漠中的紅收穫蟻。

　據他們觀察，在螞蟻群裡面，不同的螞蟻會承擔不同的職責，其中負責尋找和帶回食物的螞蟻被命名為"劫掠蟻"。

　這種劫掠蟻一離開螞蟻群就開始四處尋找食物，找到食物後它們就會想辦法把食物拖回蟻群。當然，食物的重量往往會比螞蟻自身的體重重很多倍。那麼，它們是如何進行任務分配的呢？是蟻王坐鎮指揮？事實並非如此。原來，劫掠蟻會分多次往返於食物與蟻穴之間。而在蟻穴入口等待的螞蟻只要遇到往返的搬運者，就會馬上做出反應，跟著一起外出。就這樣，加入搬運食物的螞蟻越多，待命參加搬運的螞蟻遇到搬運的螞蟻就會越多，就會有更多的螞蟻加入搬運活動中。而當食物變少時，螞蟻返回的數量也會減少，待命者離開蟻穴參與搬運的螞蟻數量也就會隨之下降。沒有中央控制系統，以群體協調群體，這簡直太神奇了。

在研究中，他們還製造了一些混亂，比如在洞穴門口丟幾根牙籤、破壞它們的洞穴，以此來觀察它們是如何應對意外情況的。很多人以為蟻王會出來指揮行動，但事實上它只負責產卵，一生僅交配的那一次飛出洞穴，從此與外面的世界再無聯系。而在這種去中心化的模式下，所有的螞蟻卻能在複雜的環境中相互協作、自我調節，完成覓食、繁衍、修復洞穴的挑戰，成為地球上特別強大的物種。

這個研究讓我明白，一個物種活得好不好，並不取決於它本身的能力，而是取決於這個群體的協同能力，我且把這種能力命名為"螞蟻的力量"。

對女性亦是如此。一個女性的力量是弱小的，但如果一群女性呢？一群人互助的力量呢？如果我們總能從同伴的經歷中尋找到信心和力量，我們就有可能成為一群強大的人。

我創立社交平台以來，收到過各種回饋：有人說我很偉大，做了一件她們一直想做卻不敢做的事情；有人說我有大愛，心中能裝下這麼多普通媽媽；也有身邊人反對我，作為一個"精英人士"，卻與"媽媽事特別多"的群體為伍，有什麼目的？當然，偶爾也會遇到幾個不明真相的會罵上兩句，覺得我可能是個騙子（畢竟這樣的好人，他們從沒見過，我決定原諒他們）。

其實，縱觀人類的歷史長河，想到全世界的女性，我深知我只是做了一點點自己力所能及的事情。我所織的這張"網"，每年能幫助和覆蓋的女性非常有限。我也沒有媽媽們描述的那麼大愛、勇敢和堅強，我也會在面對阻力時偶爾焦慮和不安，我也會擔心我無法完成此生的使命。但是，每每這個時候，我都會想起那個海邊的小孩：

他一條一條地把被困於淺水窪中的小魚扔回大海，一個路人質疑他："孩子，這水窪裡的小魚有幾千條，你救得過來嗎？誰在乎呢？"

小男孩一邊撿起一條扔進大海中，一邊說："這條小魚在乎，這條也在乎，這條也在乎，這條也在乎……"

同樣，這一份媽媽的事業，是我願意為之奮鬥一生的事業。我願做海邊那只小鳥，"銜微木，將以填滄海"。

願有一天，你我可以在茫茫人海中相遇。

終有一日春潮起，終有一日山海平。

　　現在是 00:05， 往常喧囂的大理古城此刻也變得靜悄悄，只有遠處酒吧的霓虹燈還在閃爍。此時，我結束了這本書的寫作。我曾想像過很多種截稿之後的心情， 歡呼、興奮、激動……可此時此刻，我心如止水。

　　輕輕地推開窗戶，大理上空滿天星辰，照得院子裡仿佛飄著牛奶般白色的薄紗，淡淡的花香撲面而來，我驚喜地發現小院裡的那棵石榴樹居然結了果，小小的，鼓鼓的，還頂著花朵，那麼飽滿，那麼生機勃勃……我突然想到，我努力多年創下的社交平台，積累了那麼多的知識和經驗，在此刻終於凝成一本書，不也正像那顆小小的石榴果一樣嗎？

　　在這本書的最後，我想感謝很多人。感謝我的父母，如果 沒有你們，我此生無法擁有一路探索未來的勇氣，父親總說：“你這樣已經很好啦，大不了就回家歇著啦！”也許就是父母的理解和寬容，才讓我一路無所顧慮地前行。感謝我的先生鄧哥，一個不善言辭的理工男，卻給了我一個最溫暖的家，總是包容我的無理取鬧，無論我辭職、投資、創業，還是住在大理，他總是笑笑說：“好，就這麼辦！”你給我的自由是世間最好的愛。謝謝我的女兒朵拉，別人總說，媽媽是推動孩子成長的手，可我卻說，朵拉才是喚醒我的人。因為她的到來，讓我開啟了對人生全新的探索，我在家庭與事業的平衡中成就了平和積極的自己；也因為朵拉，我才有機會創辦社交平台。謝謝你，我的寶貝！

謝謝在我成長路上的每個階段給我重大啟發的人：亦師亦友的黃雲博士，我的博士生導師孫健敏教授，我的忘年交尹建維先生及朋友林少、石凡青等。謝謝我創業路上的小夥伴們：鐘濤、米粒兒、小天、亞運、微陽、殷雯、景洋、波波等。我時常說，人生就是要和喜歡的人做偉大的事情，我們都做到了！

還有很多人的名字實在無法一一列舉，先就此略過。只要能收到我這本書的人，你的名字本應都在這裡的，實在寫不下了，還請諒解，我愛你們。謝謝大家伴隨我一路同行！

還有，特別感謝陪我創作的孝莉、師北宸，謝謝你們，如果沒有你們的陪伴，這本書估計會"難產"。沒想到有一天，我也會成為暢銷書作家，哈哈。當然，在我動筆感謝你們的此時還沒有……但不重要，因為有了你們，這本書一定會廣受歡迎的！愛你們，願未來我們可以攜手創作更多女性商業類書籍。

王不煩
2022 年 12 月於大理

書號 0HDC0078

成為會賺錢的媽媽

23 個適合媽媽賺錢的思維和方法，
打破未知，重啟人生，即使底層出身，也能實現財富自由

作　　者：王不煩
責任編輯：梁淑玲
封面設計：FE 設計
內頁排版：王氏研創藝術有限公司

總 編 輯：林麗文
副 總 編：梁淑玲、黃佳燕
主　　編：高佩琳、賴秉薇、蕭歆儀
行銷總監：祝子慧
行銷企畫：林彥伶、朱妍靜

出　　版：幸福文化／
　　　　　遠足文化事業股份有限公司
發　　行：遠足文化事業股份有限公司
　　　　　（讀書共和國出版集團）
地　　址：231 新北市新店區民權路
　　　　　108 之 2 號 9 樓
郵撥帳號：19504465 遠足文化事業股份有限公司
電　　話：(02) 2218-1417
信　　箱：service@bookrep.com.tw

法律顧問：華洋法律事務所　蘇文生律師
印　　刷：通南印刷有限公司
初版一刷：2023 年 9 月
定　　價：420 元

國家圖書館出版品預行編目 (CIP) 資料

成為會賺錢的媽媽：23 個適合媽媽賺錢的
思維和方法，打破未知，重啟人生，即使底
層出身，也能實現財富自由 / 王不煩著. --
初版. -- 新北市：幸福文化出版社，遠足文
化事業股份有限公司，2023.09
　面；　公分
ISBN 978-626-7311-51-6(平裝)
1.CST: 理財 2.CST: 成功法 3.CST: 女性
563　　　　　　　　　　112011841